**참된 인생의 성공**

참된 인생의 성공
ⓒ김영로 Printed in Seoul
2019년 08월 27일 1쇄 발행

지은이 | 김영로
발행인 | 박찬우
편집인 | 우 현
펴낸곳 | 파랑새미디어

등록번호 | 제313-2006-000085호
서울특별시 마포구 서교동 357-1 서교프라자 318
전화 | 02-333-8311
팩스 | 02-333-8326
메일 | adam3838@naver.com

가격 15,000원
ISBN 979-11-5721-115-9 04190
ISBN 979-11-5721-114-2 (세트)

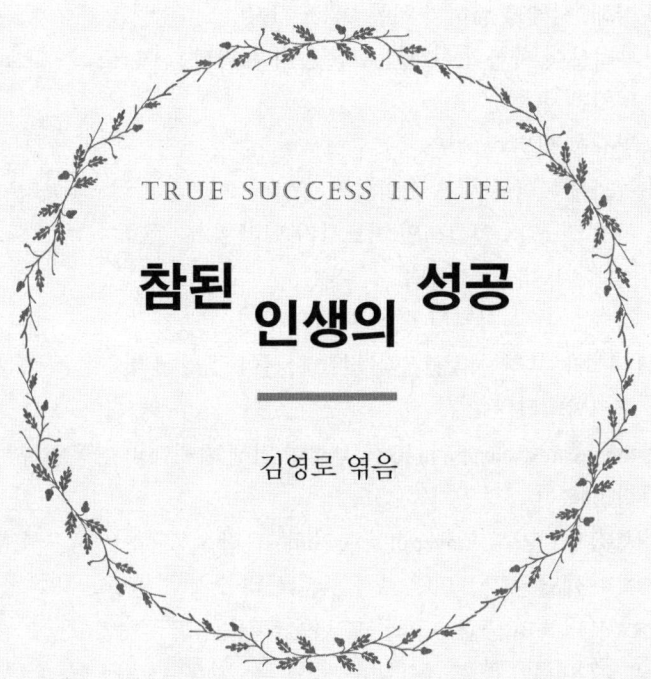

TRUE SUCCESS IN LIFE

# 참된 인생의 성공

김영로 엮음

# Contents

- ★ 이 책은 이렇게 읽으면 됩니다 _ 9
- 세상에서 가장 간단한 행복비결 _ 12
- 최상의 행복으로 가는 길 _ 13
- 대인(大人)들이 성공하는 까닭-큰 안목, 큰 꿈, 고상한 인품 _ 14
- 당신의 이해, 지혜를 넓혀야 하는 이유 _ 15
- 체험 – 우리들이 지식과 하나가 되는 놀라운 과정 _ 16
- 수련의 비결은 반복 _ 18
- 명상이 필요한 까닭? _ 19
- 배움의 놀라움 - 어느 젊은 사업가의 증언! _ 20
- 죽음의 가르침 → 더 인간적인 지도자가 되라 _ 26
- 인생의 두 길: 대인의 길/소인의 길 _ 31
- 인생 최대의 행운: 높은 가르침과 스승님과의 만남 _ 32
- 인연(因緣)의 고리: 우리들의 삶은 우리들 자신이 맺는 놀라운 인연의 고리입니다! _ 33
- What is the greatest success in life?_무엇이 인생의 최대의 성공인가? _ 34
- 누가 가장 행복한 사람인가? _ 35
- [집중명상자료] 칠지기도(Prayer of seven limbs) _ 36
- [집중명상자료] 깨달은 분들의 가르침: 우리들의 고통의 원인 _ 38
- [집중명상자료] 미혹의 근원은 아집(我執)의 무지 _ 40
- [집중명상자료] '아(我)'를 붙잡지 말고 놓아주는 기쁨: 대락(大樂) _ 42
- 일반인들의 행복의 기본수준 _ 44
- 조건을 초월한 (절대적인) 행복과 조건적인 행복 _ 45
- [집중명상자료] 인생의 큰 그림: 인생의 두 길-대인의 길, 소인의 길 _ 46
- 아픔 속에서도 기쁨을 선사하는 사랑의 천사! _ 48
- 인생의 큰 그림: 중생은 모두 한 가족 _ 49
- 빌 게이츠는 지능을 이렇게 규정합니다 _ 50
- 미지의 세계로 들어가는 문 열어놓기: 우리들이 아는 세계보다 모르는 세계가 더 많다는 것을 명심하라 _ 51
- 당신이 찾는 것은 가까이, 아주 가까이 있다! _ 52
- [집중명상자료] 인생의 큰 그림: 궁극적으로 우리가 찾는 것은 모두 우리들 안에 있다!_53
- 깨달음이란 무엇인가? _ 54
- 건강비결 - 생명의 본성은 건강이라는 인식 _ 55

- 인생의 큰 그림; 우리들의 성장과정: 세 종류의 스승 _ 56
- 스승과의 만남 - 경이로운 영향 _ 57
- 당신의 세계의 결정자는 당신의 마음 _ 58
- 인생의 낭비를 막는 한 가지 사소하나 중요한 일 _ 59
- 성공의 열쇠는 독서다 _ 60
- 워런 버핏이 독서를 많이 하는 까닭 _ 61
- 워런 버핏의 투자성공의 비밀을 보여주는 말! _ 62
- 빌 게이츠(Bill Gates)가 성공한 까닭 _ 64
- 기회가 있는 분야 찾기: 학교교육 _ 66
- '작은 사람' Jack Ma의 '위대한' 성공 _ 67
- [집중명상자료] 대인(大人)의 길 - 성인(聖人)의 길! _ 69
- 이타(利他)가 이기(利己) _ 70
- 깨달은 분들의 가르침: 아집(我執)이 고통의 근원 _ 71
- 싸우지 말고 적을 만들지 마라 _ 73
- 사람들을 다루는 기술: soft skill _ 74
- 양면의 지혜: 작은 것들의 위대함 _ 75
- 성공의 3대 요건: 높은 감성 지수(EQ)와 지성 지수(IQ)와 사랑 지수(LQ) _ 76
- 다양한 사고방식을 가진 집단의 유리한 점 _ 77
- 기계화 시대에 증가하는 인간적인 가치의 중요성 _ 78
- 미래를 위한 투자 _ 79
- 과거에서 벗어나 비전을 가져라!: 자율 주행차 산업의 대부 시배스천 드룬(Sebastian Thrun)의 성공비밀 _ 80
- 자유직업 시대, 성공은 용감한 도전자 편이다! _ 81
- 성공하는 사람들의 특징: 굶주림 _ 82
- 현대사회에서 가장 빨리 많은 돈을 버는 방법: 큰 문제를 찾아 남들보다 먼저 해결하는 것 _ 84
- 지혜 - 질문의 중요성 _ 85
- 성공하는 사람들의 작업순서: 가장 하기 싫은 것부터 먼저 하기 _ 86
- 두려워하지 말고 실패하라, 더 좋게! _ 87
- 인생의 큰 그림: 너무도 귀중한 양면의 지혜: 좋은 것의 나쁜 점-나쁜 것의 좋은 점_89
- [집중명상자료] 가장 큰 마음의 평온의 비결: 양변초월 _ 90
- 양면의 지혜: 채우는 것보다 더 중요한 게 비우는 것 - 비움, 버림은 새로운 지혜공간의 창조 _ 91

# Contents

- 버림은 해방: 새로운 지혜공간의 창조 _ 92
- [집중명상자료] 앎, 안다는 관념으로부터의 해방 _ 93
- [집중명상자료] 이원적인 앎은 질병 _ 94
- [집중명상자료] 지식의 큰 그림: 네 가지 수준의 지식 _ 96
- 깨달은 분들의 가르침: 경험으로부터 해방 - 주인노릇 _ 98
- [집중명상자료] 내려놓는 지혜는 해방의 지혜: 괴로운 분들, 잠 못 이루는 분들을 위한 깨달은 분의 조언 - 주인노릇 _ 99
- 고통은 마음이 만든다! _ 100
- 경험의 속박 / 무경험의 자유 _ 101
- 경건강비결: 양변(두 극단)에 대한 집착으로부터 해방 _ 102
- 양면의 지혜 : 성공자의 무거운 마음과 초보자의 가벼운 마음 _ 103
- 양면의 지혜 _ 104
- 깨달은 분들의 충고: 무엇보다도 먼저, 소인들의 경쟁에서 탈출하라! _ 105
- 붓다의 가르침: 더 큰 행복으로 가는 길 _ 106
- 성공요소: 현재에 만족하지 않는 것 _ 107
- 높은 가르침: 세상에서 가장 빠른 성취수단 _ 108
- [집중명상자료] 상상력은 인간의 최대의 자원-뇌는 상상을 현실로 바꾼다! _ 109
- 깨달은 분들의 가르침: 인생의 세 가지 중대사 - 주인노릇 _ 111
- 자기 성장: 시간적인 안목 확장 - 삶의 여정 _ 112
- [집중명상자료] 깨달은 분들의 가르침: 두 가지 존재 이야기 _ 113
- [집중명상자료] 모든 현상은 변하는 과정의 표현 _ 115
- [집중명상자료] 자타합일: 너무도 민감한 인간의 상호의존관계 - 주인노릇 _ 117
- 윤회의 세계는 실체가 없으니(空공하니) - 주인노릇 _ 118
- 무상(無常)에 대한 사유(수행)로부터 얻는 삶의 지혜 - 주인노릇 _ 119
- 소중한 목적을 갖는 것과 시간을 낭비하지 않는 것 - 너무도 소중한 인생의 목적 - 주인노릇 _ 120
- 마음의 흐름이란 무엇인가? - 주인노릇 _ 121
- [집중명상자료] 깨달은 분들의 가르침: 몸과 마음의 세 가지 수준 _ 122
- [집중명상자료] 존재론적인 시야확대: 존재의 세 가지 수준 _ 124
- [집중명상자료] 양면의 지혜: 거시적인 세계와 미시적인 세계 _ 126
- [집중명상자료] 혼돈과 질서의 공존 - 생명의 경이로움 _ 127

TRUE SUCCESS IN LIFE

- [집중명상자료] 깨달은 분들의 심오한 가르침을 만나 실천하는 것은 최고의 행운
  -우리가 어떻게 살아야 하는지 보여주는 세 가지 수준의 죽음-주인노릇 _ 128
- 깊이 있게 살기 - 주인노릇 _ 130
- 에너지 자원의 이용 _ 130
- [집중명상자료] 자기 자신의 사랑의 중요성 - 주인노릇 _ 134
- 우리가 우리들 자신부터 구제해야 하는 까닭 - 주인노릇 _ 135
- [집중명상자료] 사랑하는 사람이 되지 말고, 사랑 자체가 되라 _ 136
- [집중명상자료] 싸우지 말고 이용하라 - 주인노릇 _ 138
- [집중명상자료] 깨달은 분들의 가르침 - 주인노릇 _ 140
- 거꾸로 가는 세상 - 빨리 돌려놓아야 합니다! _ 141
- 깨달은 분들의 가르침: 세상과 반대로 가라 _ 142
- 희망의 메시지: 더 나은 세계의 존재(당신이 아는 세계가 전부가 아니다!) _ 143
- [집중명상자료] 자제(자기-억제)와 지혜 - 주인노릇 _ 144
- 깨달은 분들의 가르침: 마음을 길들이는 이익 _ 146
- [집중명상자료] 외부의 최선으로 통하는 길은 내부의 최선, 내심(內心)
  = 외경(外境) _ 147
- [집중명상자료] 붓다의 가르침: "네가 너 자신의 보호자다" - 주인노릇 _ 149
- 보시 = 자기 비움 = 자기 키움 → 자신의 행복증가 _ 150
- [집중명상자료] 과학이 밝혀낸 보시의 효과 _ 151
- 깨달은 분들의 가르침: 모든 것을 줄 수 있는 마음의 기쁨-주인노릇 _ 152
- 좋은 마음은 동물뿐만 아니라 식물도 갖고 있다! _ 153
- 시절인연(時節因緣): 준비의 신비 - 주인노릇 _ 154
- 자기 자신의 불운에 대한 올바른 태도 - 주인노릇 _ 155
- 시작의 마력 _ 156
- 매우 생산적인 작업 전략 - 이것이 많은 사람들의 성공비결입니다! _ 157
- 삶의 지혜 - 주인노릇 _ 158
- 장수비결 - 주인노릇 _ 159
- [집중명상자료] 어느 암 환자의 조언 - 주인노릇 _ 160
- [집중명상자료] 비중인식(전체와 부분, 중요한 것과 그렇지 않은 것을 분별하는 지혜) - 주인노릇 _ 161
- 비중인식: 중요한 소수와 사소한 다수 - 주인노릇 _ 162

# Contents

- Do what matters to you. Outsource the rest. 중요한 것은 당신이 하고 나머지는 외주를 주라 - 주인노릇 _ 163
- 인생의 낭비를 막는 중요한 지혜 - 주인노릇 _ 164
- 훌륭한 지도자의 지혜: 큰 그림에 집중 - 주인노릇 _ 165
- 행복자원: 좋은 행동(善業선업) - 주인노릇 _ 167
- [집중명상자료] 깨달은 분들의 가르침: 행복의 기반은 지혜와 복덕 _ 168
- [집중명상자료] 깨달은 분들의 가르침: 금생에서 가장 중요한 것? _ 170
- 누구도 피할 수 없는 인과의 법칙 - 주인노릇 _ 171
- [집중명상자료] 열 가지 불선업(不善業)과 과보 - 주인노릇 _ 172
- 합일의 지혜 - 내부마음(內心내심) = 외부대상(外境) - 주인노릇 _ 173
- [집중명상자료] 공허감에 대한 바른 처방 - 주인노릇 _ 174
- 의미, 가치, 목적의식의 중요성 - 주인노릇 _ 176
- [집중명상자료] 인식(내심) 바꾸면 세상(외경)이 바뀐다! _ 178
- 당신이 당신의 주인입니다! _ 179
- 긍정적인 태도 / 부정적인 태도 _ 180
- 합일의 지혜의 힘: 믿음 _ 181
- [집중명상자료] 합일의 이득: 이타(利他) = 이기(利己) _ 182
- 더 높게 더 깊게 더 크게 자기 (마음) 확장 = 행복증가 _ 183
- 자기 능력과 영역 확장 - 주인노릇 _ 185
- 지혜의 공간은 마음의 여유 공간 _ 186
- 지혜의 공간 만드는 법: 잠시 제쳐놓기 _ 187
- 중립적(객관적)인 입장에서 바라보기 _ 188
- 성공의 중요한 요소: 지혜의 공간 이용하기 _ 189
- 지혜의 눈: 큰 그림 _ 190
- 양면의 지혜 _ 191
- 양면의 지혜: 긍정 - 이중적인 이익의 길/부정 - 이중적인 손해의 길 _ 192
- 양면의 지혜: 자연의 경이로움 - 놀라운 다양성과 독특성 _ 193
- 양면의 지혜 _ 194
- 사정이 나쁠 때 위안과 희망을 얻는 법 _ 195
- 진실(현실, 사실) / 개념(견해) _ 196
- 지혜의 눈: 진실/거짓 _ 197 / •진실의 유력함과 거짓의 무력함 _ 198
- [집중명상자료] 세상은 수행도량, 우린 모두 위대한 수행자 _ 199
- ★이 책의 명상여행 끝에서 드리는 한 말씀 _ 200

이 책은 이렇게 읽으면 됩니다.

이 책은 세속적인 성공과 수행상의 성공,
두 부분으로 나눌 수 있습니다. 우선, 각자 자기가 좋아
하는 부분에만 집중하면 됩니다.

이 책은 처음부터 끝까지 다 읽지 않아도 되고, 다 이해
하지 못해도 됩니다. 그래도 처음부터 읽어나가면서 감
조차 잡을 수 없는 것만 지나가십시오. 알려는 마음이
간절하면 반드시 이해되는 날이 옵니다.

마음이 많이 끌리거나 강한 감동을 주는 부분은 자기 자신과
깊은 인연이 있는 곳이므로 표시해두고 곰곰 생각해보십시오.
좋은 가르침은 한 번 읽는 것만으로도 좋은 씨앗을 자신의
섬세한 마음에 심어준답니다. 게다가 거기에 대해 깊이깊이
생각해보면 더욱더 큰 이익을 얻을 수 있습니다.

이 책에 나오는 좋은 글이나 가르침은 하나의 상징이나
실마리, 또는 문으로 간주하십시오, 무수한 다른 것들로 안내
해주는 것들 말입니다. 이렇게 하면 이 책 한권만 읽어도 수
많은 책을 읽는 효과를 볼 수 있습니다. 또한 당신이 경험하는
모든 것에 대해서도 마찬가지로 대해보십시오. 그러면 당신은
언제나 더 깊고 더 높은 곳으로 나아갈 수 있습니다.

이 책에서 만나는 귀한 인연을 통해 더욱더 좋은 인연을 만나
금생에서의 행복은 물론 다음 생에서도 행복하길 빕니다.

TRUE

SUCCESS

IN LIFE

## 세상에서 가장 간단한 행복비결

모든 사람, 모든 것을
존중과 사랑으로 대하면
세상의 행복이 증가하여,
자기 자신의 행복도 증가하고,

반면에
모든 사람, 모든 것을
무시와 미움으로 대하면
세상의 불행이 증가하여,
자기 자신의 불행도 증가합니다.

그리고
자기가 싫어하는 일이라도
생각을 바꿔 기쁜 마음으로 하면
자신과 세상의 행복이 증가할 뿐만 아니라
자기 자신을 대인(大人), 성인(聖人)으로
발전시키는 것입니다.

세상에 고맙지 않은 것은 아무것도 없습니다.
존재하는 것은 모두 필요한 것이기 때문입니다.
예를 들어, 죽음은 삶의 필수적인 부분입니다.

머리는 지혜, 가슴은 사랑으로 가득 채우고
온 몸과 마음으로 사랑을 발산하며 살아가는 것 -
이것이 최상의 행복을 누리는 길입니다.

## 최상의 행복으로 가는 길 - 좋은 주인 노릇

In Tibet it is said that
if one treats one's master like a dog,
the teachings are as worthless as rotten food.
If one treats one's master like a friend,
the teachings nourish like fresh food.
If one treats one's master like a deity,
the teachings are divine nectar.

티베트에는 이런 말이 있습니다.
만일 우리가 스승님을 개처럼 대하면,
그의 가르침은 상한 음식처럼 가치가 없습니다.
만일 우리가 우리의 스승님을 친구처럼 대하면,
그의 가르침은 신선한 음식처럼 영양가가 있습니다.
만일 우리가 우리의 스승님을 붓다처럼 대하면,
그의 가르침은 붓다의 감로수입니다.

> **(지혜)** 당신이 만나는 모든 분들을 붓다로 대하면
> 당신 자신도 붓다가 되고,
> 당신이 거주하는 곳은 그의 정토(淨土)가 되며,
> 당신이 먹고 마시는 것은 모두 감로수가 될 것입니다.
> 당신의 행복 - 당신 자신이 만드는 것입니다!

## ★ 대인(大人)들이 성공하는 까닭 - 큰 안목, 큰 꿈, 고상한 인품

Every situation - nay, every moment - is of infinite worth; for it is the representative of a whole eternity.
－Johann Wolfgang von Goethe

모든 상황 - 아니, 모든 순간은 - 무한한 가치가 있습니다. 왜냐하면 그것은 영원 전체를 대표하기 때문입니다.
－요한 볼프강 폰 괴테

When a human awakens to a great dream and throws the full force of his soul over it, all the universe conspires in your favor.　－Johann Wolfgang von Goethe

사람이 깨어나서 큰 꿈을 갖고 자기 영혼의 모든 힘을 거기에 쏟아 부으면, 온 우주가 함께 노력하여 그를 도와줍니다.

A noble person attracts noble people, and knows how to hold on to them.　－Johann Wolfgang von Goethe

고상한 사람은 고상한 사람을 끕니다, 그리고 그는 압니다, 그들에게 매달리는 방법을.
－요한 볼프강 폰 괴테

## ★ 당신의 이해, 지혜를 넓혀야 하는 이유

A person hears only what they understand.
-Johann wolfgang von Goethe

우리들에게 들리는 것은 우리들이 이해하는 것뿐입니다.
-요한 볼프강 폰 괴테

He who cannot draw on three thousand years is living from hand to mouth. -Johann Wolfgang von Goethe

[지나간] 3000년을 이용하지 못하고 사는 것은 하루벌이 삶입니다. -요한 볼프강 폰 괴테

The greater part of all the mischief in the world arises from the fact that men do not sufficiently understand their own aims. -Johann Wolfgang von Goethe

이 세상의 모든 해악의 대부분의 원인은 사람들이 자기들 자신의 목적을 충분히 이해하지 못한다는 사실입니다.

An open mind means access to more opportunities.

열린 마음이 뜻하는 것은
더 많은 기회를 이용할 수 있다는 것입니다.

## ★ 체험-우리들이 지식과 하나가 되는 놀라운 과정

The great difficulty in education is to get experience out of ideas.   —George Santayana

교육에서 큰 어려움은 개념에서 경험을 얻는 것입니다.
　　　　　　　　　　　　　　　　　　　—조지 산타야나

> The words printed here are concepts. You must go through the experiences.   —Saint Augustine
>
> 여기 프린트되어있는 말은 개념입니다. 우리는 이것들을 경험(체험)해야 합니다.

All truly wise thoughts have been thought already thousands of times; but to make them truly ours, we must think them over again honestly, until they take root in our personal experience.   —Goethe

모든 진실로 현명한 생각들은 이미 수천 번 생각된 것입니다. 그러나 그것들을 진실로 우리들의 것으로 만들려면, 우리는 그것들을 다시 성실하게 생각해서, 그것들이 우리들의 개인적인 경험에 뿌리를 내려야 합니다.   —괴테

> Nothing ever becomes real till it is experienced. —John Keats
>
> 아무것도 현실이 되지 않습니다, 그것이 경험될 때까지는.   —존 키츠

All theory is gray, my friend. But forever green
is the tree of life.　　　　　　　–Johann Wolfgang von Goethe

모든 이론은 회색이야, 이 친구야. 그러나 영원히 파란
것은 생명의 나무야.　　　　　　　–요한 볼프강 폰 괴테

> Genuine understanding comes about only through practicing the teachings. Intense study brings only some understanding. Practice, however, brings about great understanding.　　　　　　　–Atisha
>
> 진정한 이해가 일어나는 것은 오로지 가르침의 실천을 통해서일 뿐입니다. 집중적인 연구가 가져오는 것은 약간의 이해뿐입니다. 그러나 실천은 큰 이해를 가져옵니다.　　　　　　　–아띠샤

If dharma has not merged with your mind-
　　stream in a practical way,
Saying "I understand" is just deception.
　　　　　　　–Milarepa

만일 다르마가 그대의 마음의 흐름과 실제로
　　합쳐지지 않았다면,
"나는 이해한다"고 말하는 것은 속이는 것일 뿐이다.
　　　　　　　–밀라레빠

## 수련의 비결은 반복

To follow a noble guru,
Supplicate from your heart again and again.

고귀한 스승님을 따르기 위해,
진심으로 간청하라, 다시 또다시.

When meditating on death and impermanence,
Think about death's uncertain time again and again.

죽음과 무상에 대해 명상할 때
죽음의 시간의 불확실함에 대해 생각하라, 다시 또다시.

When meditating on beings as your parents,
Remember their kindness again and again.

중생들이 당신의 부모라는 대 대해 명상할 때,
그들의 친절(은혜)을 기억하라, 다시 또다시.

## 명상이 필요한 까닭?

Why does Buddhism put so much emphasis on meditation? It's because our mind is so gross and our memory so poor that we forget things easily and cannot recall our countless lives' experiences. The purpose of meditation, therefore, is to increase, or develop, our memory, or mindfulness, of reality.

-Lama Yeshe

왜 불교가 명상을 이토록 강조할까요? 그건 우리들의 마음이 너무도 거칠고 우리들의 기억력이 너무도 빈약해서 우리가 쉽게 잊어버리고 우리들의 무수한 생의 경험들을 기억하지 못하기 때문입니다. 명상의 목적은, 그러므로, 진실에 대한 우리들의 기억, 또는 알아차림을 증가하거나 개발하는 것입니다.

-라마 예세

**(지혜)** 불교에서 얘기하는 진실(현실)에는 두 종류가 있습니다, 세속적(상대적) 진실(色색)과 궁극적(절대적) 진실(空공). 앞의 것이 우리들의 감각과 거친 마음으로 대하면 독립적으로 존재하는 것 같지만, 실제로는 다른 것들에 의존해서 일시적으로 나타났다가 사라질 뿐입니다. 이렇게 독립적으로 존재하지 않는 것을 '독립적인 존재가 없다(空공하다)'고 합니다. 이걸 모르기 때문에 많은 분들이 불교의 '공(空)'에서 허무주의를 읽는 것입니다. 공성(空性)은 상생과 해탈, 성불로 인도하는 최상의 가르침입니다.

## 배움의 놀라움 - 어느 젊은 사업가의 증언!

"I'm a 36-year-old CEO who sold my first startup for $1 billion. I've learned more this year than any other year of my life because I made 5 important changes."

"전 36세의 CEO인데 저의 첫 창업회사를 팔고 10억 달러를 받았습니다. 전 금년에 저의 인생의 다른 어떤 해보다 많은 것을 배웠는데, 그것은 제가 5가지 중요한 변화를 했기 때문입니다."

**(지혜)** 배움은 키움과 경이로움, 성장과 성공으로 인도합니다.

Justin Kan is a mid-30s entrepreneur who sold his previous startup, Twitch, to Amazon for $1 billion, and has raised millions in VC funding for his current project, the legal startup, Atrium.

저스틴 칸은 30대 중반 기업가인데, 그의 이전의 창업회사, Twitch,를 Amazon에게 팔고 10억 달러를 받았으며, 현재 사업, 법률 창업회사, Atrium을 위해 벤처 자본 자금으로 수백만 달러를 모았습니다.

"I used to flinch away from all forms of discomfort: pain, uncomfortable conversations, boredom. Through meditation I've become more able to notice the feelings of discomfort I experience, and much more ok with simply sitting with them."

"저는 전에는 겁을 먹어 온갖 형태의 불편함을 피했습니다. 아픔, 불편한 대화, 따분한 것을. 명상을 통해서 저는 제가 경험하는 불편함이라는 감정을 더 많이 알아차릴 수 있게 되었으며, 훨씬 더 많이 괜찮아지게 되었습니다. 그들(불편함)과 함께 앉아있는 것이."(ok=comfortable↔uncomfortable)

**(지혜)** 우리들의 경험은 즐거운(편안한) 것과 괴로운(불편한) 것으로 나눌 수 있는데, 만일 불편한 경험들을 피한다면 그만큼 우리들의 세계는 위축되고 좁아지게 됩니다. 그러므로 명상을 통해 우리는 마음의 안정과 여유, 융통성 등을 길러서 우리들의 세계를 확장해야 합니다.
알아차림은 밝은 지혜의 에너지이므로 이 앞에서는 어두운 부정적인 에너지는 소멸되거나 정화됩니다. 빛이 들어오면 어둠이 사라지듯이.

"Modern society is a trap that tricks us that if only we get X thing, we will finally be happy. X10,000 different things: jobs, possessions, likes, etc. Every day I re-learn that happiness doesn't come from the external world, it comes from inside."

"현대사회는 하나의 함정입니다. 우리들을 속여서 믿게 만드는, X를 구해야만이 우리가 마침내 행복하게 될 거라고. 10000개의 다른 X: 일자리, 소유물, 좋아하는 것들 등을. 날마다 저는 다시 배웁니다. 행복은 바깥 세계에서 오는 게 아니라, (제) 안에서 온다는 것을."

(지혜) 행복하다고 생각하는 것(행복의 주체)은 몸이 아니라 마음이기 때문입니다. 몸은 단지 편안함을 느낄 뿐입니다.

"I have always tried to source approval from others, desperately trying to make up for scarring from my childhood (of course, that never worked). I've been reminding myself that I approve of myself 100%, and that I am enough the way I am." (단어) source (v.) to obtain (from the source of)

"저는 언제나 애써왔습니다, 인정을 남들로부터 받으려고, 그러면서 필사적으로 애썼습니다, 제가 어린 시절에 받은 상처에 대해 벌충하려고 (물론, 그것은 효과가 없었습니다.) 전 저 자신에게 상기시켜왔습니다, 제가 제 자신을 100% 인정하고, 저는 현재 있는 그대로 제가 충분하다고."

(지혜) 자기 주인노릇을 제대로 하면 안에서 얻을 수 있는 것을 밖에서 구하려고 애쓰지 않을 것입니다. 인공지능 같은 우리들을 지배하려는 외부 세력들이 점점 더 증가하므로 주체적인 노력은 더욱더 중요해지고 있습니다.

"Every conscious moment is a gift. Even the ones that society has trained you to fear or avoid. I want to deeply appreciate every moment for the miracle that it is."

"의식하는 매순간은 선물입니다. 심지어 사회가 우리들에게 두려워하거나 피하라고 훈련시켜온 것들조차도. 저는 바랍니다, 깊이 인식하기를, 매순간을 기적으로, 그게 사실이니까요."

**(지혜)** 우리들의 여의주는 우리들의 마음의 작용, 생각입니다. 생각이 현실을 만듭니다. 좋은 생각 → 좋은 결과 / 나쁜 생각 → 나쁜 결과

"Joy is your birthright. You don't have to earn it or achieve it. You don't have to do anything. It is there for you when you choose it."

"기쁨은 우리들의 타고난 권리입니다. 그것을 얻거나 성취하지 않아도 됩니다. 아무것도 하지 않아도 됩니다. 그것은 당신을 위해 주어져있는 겁니다, 당신이 그것을 선택할 때."

**(지혜)** 우리들의 본성은 기쁨, 고요한 희열입니다. 이것은 밖에서 얻을 수 있는 것이 아닙니다. 우리들의 존재의 모든 부분, 가장 얕은 피부로부터 가슴 속 가장 깊은 곳까지 흐르는 잔잔한 울림, 생명의 전율입니다.

"I've lived the first half of my life feeding my ego's needs. I will spend the next half putting my community and family first. I now believe that true joy comes from the release of the self." (ego = self)

"전 제 인생의 전반을 살아왔습니다, 저의 에고를 키우면서. 저는 후반을 보낼 겁니다, 저의 지역사회와 가족을 우선시하면서. 저는 지금 믿습니다. 진정한 기쁨은 자아를 놓아주는 것으로부터 나온다고."

(지혜) 에고는 한편으로는 자기 발전의 원동력으로 작용하지만, 또한 그것은 자기 자신을 좁은 세계 속에 가둡니다. 따라서 남들과 세계 전체와의 위대한 통합, 완전한 깨달음의 행복을 위해서 자아는 극복해야 할 대상이기도 합니다.

Remember: everything hard will be painful, but just because there is pain doesn't mean you have to suffer. Good luck!

"기억하십시오: 모든 힘 드는 것은 아플 겁니다. 그러나 단지 아픔이 있기 때문에 우리가 괴로움을 겪어야 하는 것은 아닙니다. 행운을 빕니다!"

(지혜) 통증은 신체가 느끼는 것이고, 괴로움은 마음이 만드는 것입니다. 모든 것이 환(幻) 같다(空공하다)는 것을 깨달아서 익히면 온갖 괴로움에서 해방될 수 없습니다.

"(...) success can be learned ... if you care enough to improve." (문맥) improve = succeed

"(생략) 성공은 배울 수 있습니다 ... 만일 우리가 기꺼이 더 잘 (성공) 하려고 하면."

"I can do anything I set my mind to, and I think you can too."

"저는 뭐든지 할 수 있습니다. 제가 마음만 먹으면, 저는 생각합니다, 당신도 할 수 있다고."

**(지혜)** 우리들의 세계, 우리들의 현실은 우리들의 마음의 건축물입니다.

Making your identity "I am bad at X" is a loser's mindset. There's no cost to changing your thinking to "I'm not yet good at X because I haven't put in work."

자기 자신의 정체를 "나는 X를 잘 못한다"로 만드는 것은 패자의 태도입니다. 아무 비용을 들이지 않고 당신의 생각을 바꿀 수 있습니다, "내가 아직 X를 잘 하지 못하는 것은 내가 노력해오지 않았기 때문이다"로.

**(지혜)** 태도가 중요한 것은 그것이 결과와 직결되기 때문입니다. 우리가 어떤 것에 대해 긍정적인 태도를 취하면 우리들의 모든 것은 긍정적인 결과 쪽으로 움직이고 그 반대도 마찬가지입니다.

## ★ 죽음의 가르침 → 더 인간적인 지도자가 되라

Staring death in the face taught Aetna's former CEO how to be a more human leader

죽음에 직면해서 Aetna의 전 CEO는 더 인간적인 지도자가 되는 법을 배웠습니다

Mark Bertolini served as the CEO of Aetna from 2010 to 2018, stepping down after selling the healthcare company to CVS.

마크 버톨리니는 Aetna CEO로 2010년부터 2018년까지 복무하고, 그만두었는데, 그 전에 이 건강보험 회사를 CVS에게 매각했습니다.

In a new memoir, he reflects on how both his and his son's near-death experiences made him a more empathetic leader focused on team-building.

새로 나온 회고록에서, 그는 되돌아봅니다. 그와 그의 아들의 죽음 가까이 간 경험이 어떻게 그를 더 공감적인 지도자로 만들어 팀-구축에 집중했는지에 대해서.

(지혜) 죽음 가까이 가본 분들은 아주 좋은 쪽으로 근본적으로 바뀝니다. 죽음은 삶의 한 과정으로서 일상적인 경험과는 너무도 다른 매우 충격적인 것이기 때문입니다. 그렇게 죽음은 타성에 빠져있는 우리들에게 정신을 차리게 하여 잠시도 한 눈 팔지 않고 철저하게 살도록 인도해주는 인생의 가장 소중한 안내자요, 스승입니다. 죽음에 대해 우리가 반드시 알아야 할 것은 다음과 같습니다.

첫째, 죽음은 확실하나 죽음의 시간은 확실하지 않다는 것. 따라서 우리는 나이나 건강 상태 등에 상관없이 언제 어디서나 죽음을 맞이할 수 있습니다. 바로 다음 순간이 금생에서 우리들의 마지막일 수 있다는 것 - 얼마나 무서운 일입니까!
둘째, 죽을 때 도움이 되는 것은 자기가 지어온 선업과 수행해온 다르마뿐입니다.
셋째, 마지막 순간을 좋은 마음으로 맞지 않으면 다음 생에는 나쁜 곳에서 태어날 수 있다는 것입니다. 나쁜 곳에 떨어지면 좋은 곳으로 올라오기가 지극히 어렵습니다. "죽음수업" 참조.

At Aetna, Bertolini increased the minimum wage to $16 an hour, increased health benefits, paid off student loans, and instituted mindfulness training.

Aetna에서, 버톨리니는 최저임금을 시간당 16달러로 인상하고, 건강 혜택을 인상했으며, 학생 대출을 갚아주고, 알아차림 수련을 도입했습니다.

Mark Bertolini wears a large, black skull ring on his right hand. It's a *memento mori* for the former Aetna CEO, a symbol of his mortality. He bought it after waking up from a six-day coma in 2004, when a skiing accident broke his neck in five places and resulted in his left arm being permanently disabled. It happened just a year after his teenage son Eric managed to beat lymphoma. When he looks at the skull, he's reminded that "who you spend your time with and how you spend it every day are the two most important decisions you will make," he told Business Insider.

마크 버톨리니는 오른 손에 커다란 검은 해골 반지를 끼고 있습니다. 이것은 *죽음을 기억하라*는 것인데, 이것이 Aetna 전 CEO였던 그에게 자신의 죽음에 대한 상징입니다. 그가 이것을 산 것은 2004년에 6일간의 혼수상태에서 깨어난 뒤였는데, 그때 스키 타다 사고로 목을 다섯 군데 부러뜨렸고, 왼쪽 팔이 영구적으로 사용할 수 없게 되었습니다. 그 일이 발생한 것은 그의 십대의 아들 Eric이 성공적으로 림프종을 물리친 바로 1년 뒤였습니다. 그가 그 해골 반지를 바라보면, 그는 상기하게 됩니다, 누구랑 당신이 당신의 시간을 보내고 그것을 날마다 어떻게 보내는지가 당신이 하게 될 두 가지 가장 중요한 결정이 될 것이다"라고 그가 본지 Business Insider에게 말했습니다.

**(지혜)** *memento mori* - 죽음을 기억하라 - 이 짧은 말 한 마디가 당신에게 성실한 삶의 한없는 기쁨을 가져올 것입니다.

His time at the health-insurance provider was marked by an average of 20% annual growth of earnings per share, and a revamping of employee benefits that included a minimum wage increase to $16 an hour and the widespread implementation of yoga and meditation classes. He developed a passion for the latter after kicking a painkiller habit that arose in the wake of his accident. These healthier habits also led to the adoption of Buddhism and the abandonment of a ruthless executive persona employees once characterized as "Darth Vader."

그가 건강보험 회사 Aetna에서 보낸 시간 동안 두드러지게 주당 소득이 평균 20% 연간 성장했고, 직원들의 혜택을 개혁해서 최저임금을 시간당 16달러로 인상했으며 광범위하게 요가와 명상반을 운영했습니다. 그가 명상에 대한 열정을 개발한 것은 그의 사고 직후에 생긴 진통제를 이용하는 버릇을 차버린 뒤였습니다. 이들 더 건강한 습관으로 인해 그는 불교를 채택하고 무자비한 경영자 가면을 버렸는데, 직원들은 한때 그를 "다스 베이더"라고 불렀습니다.

**(지혜)** 통증은 신체적인 고통, 괴로움은 정신적인 고통 - 후자는 마음이 만드는 것이니 마음을 다스리면 거기서 벗어날 수 있습니다.

**(명상)** [修習수습] - 거친 마음의 차원에서 벗어나 섬세한 차원으로 들어가 내면의 고요와 평온 속에서 우리들의 가장 섬세한 몸과 마음을 만나는 수련입니다. 여기에서는 모든 것이 청정하고 모든 것이 하나로 통합되어있어 즐거움이나 괴로움이 없고 한없는 안락만 있을 뿐입니다.

I talk about the four levels of Taoist leadership. The first level is your employees hate you. The second level is your employees fear you. The third level is your employees praise you. The fourth level, you're invisible because your organization takes care of itself and that's what happened in the last three, four years.

저는 네 가지 수준의 도교의 지도자에 대해 얘기합니다. 첫째 수준은 직원들이 사장을 미워하는 것입니다. 둘째 수준은 직원들이 사장을 두려워하는 것입니다. 셋째 수준은 직원들이 사장을 칭찬하는 것입니다. 넷째 수준에서는 사장이 안 보입니다. 왜냐하면 회사가 자기 자신을 돌보기 때문입니다. 이게 지난 3,4년 일어난 일입니다.

**(지혜)** 이런 식으로 모든 조직체가 진화한다면 그게 곧 이상사회, 지도자가 필요 없는 낙원이 될 것입니다.

## 인생의 두 길: 대인의 길/소인의 길

He who attends to his greater self
becomes a great man, and he who attends
to his smaller self becomes a small man.

-Mencius

사람은 자신의 더 큰 자아에 주의를 기울이면
대인이 되고, 자신의 더 작은 자아에 주의를
기울이면 소인이 됩니다. -맹자(孟子)

우린 누구나 무한한 가능성의 존재 -

좋은 점을 개발하면 좋은 사람이 되고
나쁜 점을 개발하면 나쁜 사람이 됩니다.

그러나 우리들의 본성은 선량하므로
바르게 노력만 하면 누구나 대인(大人)이 되고,
성인(聖人)이 되어 더 큰 행복, 더 깊은 행복을
누릴 수 있습니다.

## ★ 인생 최대의 행운: 높은 가르침과 스승님과의 만남

필자는 전생에 쌓은 공덕이 적어서 60대에야 비로소 높은 가르침과 스승을 만났습니다.

이것만 해도 엄청난 행운이지만 제 마음 속에는 죽기 전에 꼭 만나고 싶은 스승님이 한 분 더 계셨습니다. 놀랍게도 첫 번째 스승님이 돌아가신지 얼마 되지 않았을 때 간절히 바랐던 그 스승님을 만났습니다.

더욱더 놀라운 것은 제가 공부해온 영어가 저를 행운의 가르침과 스승님으로 인도해주었다는 것입니다. 두 번째 스승님을 만난 것은 영어로 된 높은 가르침에 대한 책과 책의 번역 일을 통해서였습니다.

스티브 잡스(Steve Jobs)가 얘기했듯이, 지나고 보니 모든 것이 인연에서 인연으로 이어진 것이었습니다.

제가 공부하는 높은 가르침에서는 "커다란 행운(great fortune)"이라는 말이 많이 나옵니다. 이것이 빠른 깨달음으로 이르는 데 많은 도움을 주기 때문입니다.

여러분 모두가 이런 행운을 만나길 빕니다.

## 인연(因緣)의 고리: 우리들의 삶은 우리들 자신이 맺는 놀라운 인연의 고리입니다!

Steve Jobs: You can't connect the dots looking forward.

As a Reed College dropout, Jobs started taking calligraphy classes - something he never would have done if he'd been an enrolled student. But he followed his curiosity, and that turned out to be pivotal for the future of technology: "If I had never dropped out," Jobs said, "I would have never dropped in on this calligraphy class, and personal computers might not have the wonderful typography that they do."

스티브 잡스: 우리는 앞을 내다보면서 점들을 연결할 수 없습니다.

Reed 대학 중퇴생으로, 잡스는 서예 강좌를 듣기 시작했는데 - 이것을 그는 결코 하지 않았을 것입니다, 만일 그가 등록한 학생이었다면. 그러나 그는 호기심을 따라갔고, 그것이 기술의 미래에 결정적으로 중요한 것으로 들어났습니다: "만일 제가 중퇴하지 않았다면," 잡스가 말했습니다, "저는 우연히 들어가 이 서예 강좌에 참석하지 않았을 것이고, 개인 컴퓨터는 지금과 같은 놀라운 글자체를 갖지 않았을 겁니다."

호기심은 당신을 예기치 않은 발견과 발전, 성공으로 인도해줄 수 있는 귀중한 지혜의 마음, 당신의 귀한 인연의 안내자일 수 있습니다.

## What is the greatest success in life?
## 무엇이 인생의 최대의 성공인가?

It is to attain the highest happiness
human beings are capable of.

그것은 인간이 도달할 수 있는
최상의 행복(成佛성불)에 도달하는 것입니다.

### 행복수행이 필요한 이유

In samsara the causes of happiness rarely occur, whereas the causes of suffering are innumerable. **(문맥)** are innumerable ↔ rarely occur (=are rare)

윤회의 세계에는 행복의 원인들은 드물고,
반면에 불행의 원인들은 헤아릴 수 없이 많습니다.

그래서 우린 행복해지기보다 불행해지기가 더
쉽습니다.

# 누가 가장 행복한 사람인가?

Who is the happiest of men? He who values the merits of others, and in their pleasure takes joy, even as though 'twere his own. -Johann Wolfgang von Goethe

누가 가장 행복한 사람입니까? 그것은 남들의 공덕을 귀하게 여기고, 그들의 즐거움을 기뻐하는 사람입니다. 마치 그것이 자기 자신의 것인 것처럼. -요한 볼프강 폰 괴테

불교에서는 이것을 "수희찬탄(隨喜讚歎)"이라고 합니다. 이것은 힘들이지 않고 상대방이 지은 것과 같은 공덕을 쌓을 수 있는 매우 좋은 방법이며, 상대방에게도 기쁨을 줄 뿐만 아니라 자기 자신의 질투심을 줄일 수 있습니다.

### 집중명상자료

## 칠지기도(Prayer of seven limbs)

1 제 몸과 말, 마음으로, 겸허히 예경 드리며,
2 실제로 그리고 마음속으로 공양을 올립니다.
3 무시이래 제가 지은 모든 악업을 참회하며,
4 모든 이들의 공덕에 기뻐합니다.
5 부디 윤회의 세계가 끝날 때까지 머무시며
6 저희들을 위해 법륜(가르침의 바퀴)을 돌려주십시오.
7 모든 공덕을 완전한 깨달음에 회향합니다.

● 칠지기도의 비밀

1 예경은 오만을 치료해주고,
2 공양을 올리는 것은 탐욕을 치료해주며,
3 악행을 인정하고 고백(참회)하는 것은 미움을 치료해주고,
4 남들이 하는 선행을 기뻐하는 것은 질투심을 치료해주며,
5 가르침을 청하는 것(講法청법)은 어리석음을 치료해주고,
6 불보살님들께 세상에 머물러 달라고 청하는 것은 상견(常見)을 치료해주며,
7 공덕을 남(중생)들에게 회향하는 것은 완전한 깨달음으로 인도 해줍니다.

상견(常見): 독립적인 자아나 영혼의 존재를 단정(斷定)하는 견해(eternalism or reification)

단견(斷見): 공(空)을 무(無)와 혼동하고 인과의 법칙을 부정(否定)하는 견해(nihilism or denial)

**(지혜)** 이런 그릇된 견해는 고통으로 인도합니다.

존재하는 것(existence)을 찾을 수 없는데,
그렇다면 어디에 존재하지 않는 것(nonexistence)이 있으랴?

그래서 위대한 성취자 사라하(Saraha)가 말씀하셨습니다.

어떤 것이 존재한다고 생각하는 것은 (황소처럼) 어리석다.
아무것도 존재하지 않는다고 생각하는 것은 더욱더 어리석다

존재와 비존재에 대한 믿음은 두 가지 극단적인 견해(邊見
변견)라고 하여 배격합니다.

상견과 단견은 불교의 중도의 입장에서 볼 때 그릇된 견해일 뿐만 아니라 도덕적으로도 바람직한 견해가 아닙니다. 왜냐하면 자기 자신과 세상이 영원히 존재한다고 생각하는 사람들은 무책임하게 행동하거나 나태해질 가능성이 있고, 허무주의적인 단견에 빠져있는 사람들은 무책임해질 우려가 많습니다. 죽으면 모든 게 끝난다는 생각 – 참으로 위험한 생각입니다.

그래서 불교에서는 바른 견해(正見정견)를 매우 중시합니다. 왜냐하면 바른 견해가 없는 사람은 바른 생각, 바른 말, 바른 행동을 할 수 없기 때문입니다.

상견(常見)을 가진 사람은 선도(善道)로 가나,
단견(斷見)을 가진 사람은 악도(惡道)로 가네.

> 집중명상자료

## 깨달은 분들의 가르침: 우리들의 고통의 원인

External suffering is experienced
Due to the confusion of novirtuous latent
tendencies. -Buddha Shakyamuni

우리가 외적인 고통을 경험하는 것은
우리들의 불선(不善, 악업(惡業)의 잠재적인 성향
의(남아있는) 미혹 때문이다. -석가모니 붓다

Our mindstreams have had the confusion
   of ignorance
And we've taken birth within samsaric existence.

우리들의 마음의 흐름이 무명(무지)의 미혹(번뇌)을 갖고 있어 우리는 윤회의 세계에서 태어난다.

*

Delusions are distorted ways of looking at
ourself, other people, and the world around us.

미혹(번뇌)은 왜곡된 방법으로 바라보는 것입니다, 자기 자신과 다른 사람들과 우리들 주위의 세계를.

◯ 집중명상자료

## 미혹의 근원은 아집(我執)의 무지

The source of all delusions is a distorted awareness called 'self-grasping ignorance,' which grasps phenomena as inherently, or independently, existent. In reality all phenomena are dependent arisings, which means that their existence is utterly dependent upon other phenomena, such as their causes, their parts, and the minds that apprehends them.

모든 미혹의 근원은 왜곡된 의식인데, '아집이란 무지'라고 불립니다. 이것은 모든 것이 고유하게 또는 독립적으로 존재한다고 믿는 것입니다. 그러나 사실 모든 현상은 의존해서 일어나는 것(緣起(연기)입니다. 이것이 의미하는 것은 이들의 존재는 전적으로 다른 것들에 의존한다는 것입니다. 예를 들어, 그들의 원인들, 그들의 부분들과 그들을 인지하는 마음과 같은 것들 말입니다.

self-grasping ignorance: '독립적인 존재를 (마음으로) 붙잡는, 독립적인 존재가 있다고 믿는 무지'

**(충고)** 이해가 안 되더라도 정성껏 읽어보면 당신의 의식의 흐름에 좋은 씨를 뿌릴 수 있습니다. 과거에 어떤 분은 자기가 파리였던 때에 소똥 위에 올라앉아 흐르는 물을 따라 탑돌이를 한 공덕으로 나중에 깨달음을 얻었다고 합니다. 좋은 공부는 좋은 인연으로 인도해줍니다. 알고 보면 우리는 놀라움으로 가득 찬 신비한 세계 속에서 살아가고 있습니다. 이제 눈을 뜨고 바라보십시오.

**(지혜)** 더 큰 행복을 위해 우리는 자기중심적인 생각과 행동에서 벗어나야 합니다. 이럴 때 이용할 수 있는 좋은 자원이 남들이 자기에게 주는 비난 같은 듣기 싫은 소리입니다. 이것은 아집이나 아만, 허영심이나 이기심 같은 것들을 태워버리기에 아주 좋은 자원입니다. 이렇게 되면 남들이 던져주는 부정적인 말이 고맙게 느껴질 것입니다. 밖에서 오는 모든 부정적인 에너지로는 자기 자신의 부정적인 에너지를 태워버리고, 칭찬 같은 긍정적인 에너지로는 자기 자신의 이타심 같은 긍정적인 에너지를 증장시켜갑니다. 또 하나 중요한 점은, 남들에게 나쁜 말을 하는 분들은 자기들 자신이 고통을 받는 분들이라는 것입니다. 그러므로 이들에게는 보복이 아니라 자비심으로 대해야 합니다.

◉ 집중명상자료

## '아(我)'를 붙잡지 말고 놓아주는 기쁨: 대락(大樂)

Great bliss is a term for the quality of the experience of egolessness in mahamudra tantra. According to the teachings of mahamudra, ego is a sort of filter or obstruction that stands between the mind and the world. When this filter is removed, experience becomes so rich, that it is as if ego has been intoxicated beyond its ordinary limitations and experiences the great bliss, which is beyond pleasure and pain.

대락(大樂)이라는 말이 가리키는 것은 마하무드라 딴뜨라에서 무아(無我)를 체험하는 것입니다. 마하무드라의 가르침에 의하면, 자아는 일종의 필터나 장애물로 마음과 대상 사이에 섭니다. 이 필터를 제거하면, 경험이 너무도 풍요로워져서 마치 자아는 일상적인 한계를 넘는(무아지경의) 황홀 속에 빠지고 대락을 체험하는데, 이것은 즐거움(행복)과 괴로움(불행)을 초월합니다.

**(주의)** '대락(大樂)'에서 '대'는 단순한 '큼'이 아니라 궁극적인 진실, 공성을 깨달아 모든 이원적인 분별을 '초월하는'을 의미합니다. 그러니까 대락은 성인 첫 단계, 초지(初地) 보살 이상의 성인들이 누리는 안락(행복)입니다. 깨닫지 못한 우리들 범부(凡夫)도 가끔 '무아지경(無我地境)'을 통해 비슷한 기쁨을 맛볼 수 있습니다.

## 일반인들의 행복의 기본수준

The authors' findings agree with several studies conducted over the years that describe the concept of the "hedonic treadmill," or the tendency for human beings not to become happier as they become materially or otherwise better off, but to revert to a baseline level of happiness.

이 저자들이 알아낸 것들은 과거 수년 동안 실시된 몇몇 연구와 일치합니다. 이들 연구가 설명하는 것은 "행복의 바퀴"인데, 이것은 사람들이 물질적으로나 달리 더 나아진다고 해서 더 행복해지지 않고, 기본 수준의 행복으로 되돌아가는 경향입니다.

> 범부(凡夫)가 더 높은 수준의 행복으로 올라가 거기에서 머물지 못하는 이유가 뭘까요?
>
> 간단히 말해, 그것은 그들이 잠재력을 충분히 개발하지 못했기 때문입니다. 범부와 성인(聖人) 사에는 우리가 상상도 할 수 없는 엄청난 차이가 있는데, 성인들 사이에서조차 첫 단계(초지)에서 마지막 10단계까지 사이에도 우린 어림짐작조차 할 수 없을 정도로 차이가 있답니다. 이것을 보고 기가 꺾여서는 안 됩니다. 목적지가 높으니 가는 길에 오래오래 점점 더 큰 기쁨을 누릴 수 있을 테니 얼마나 신나는 일인가요!

## ★ 조건을 초월한 (절대적인) 행복과 조건적인 행복

Compared to the timeless bliss that is the ultimate nature of everybody, each conditioned experience remains more or less full of suffering.

> 모든 이들의 궁극적인 본성인 시간을 초월한 안락(大樂대락)에 비해, 모든 조건적인 경험(행복)은 더 많든 더 적든 고통으로 가득합니다.
>
> 합일(본성) = 궁극적인 행복 / 분리(외양) → 고통
>
> 궁극적인 (내적인) 행복 = 진짜행복 = 무한, 영원한
> 조건적인 (외적인) 행복 = 가짜행복 = 유한, 일시적
> 조건초월 = 해탈(절대적인, 완전한 자유)
> 일체종지(一切種智) = 성불(절대적인, 완전한 행복)

자기 가족, 자기 친구, 자기 회사, 자기 것에만 집착하는 소인들의 세계에는 진정한 행복이 없습니다.

오로지 온 세상, 모든 중생들을 위하는 것만이 진실로 자기 자신을 위하는 대인, 성인(聖人)들의 길, 진정한 행복의 길입니다.

◉ 집중명상자료

## 인생의 큰 그림:
## 인생의 두 길-대인의 길, 소인의 길

1 지혜 → 사랑(합일의 길) = 선(善)의 길 = 대인(大人)의 길 = 이타적인 길 → 큰 행복 + 적은 고통

사후 → 삼선도(三善道): 천상계, 수라계, 인간계 → 해탈의 행복 [성공한 인생]

2 무지 → 미움(분리의 길) = 악(惡)의 길 = 소인(小人)의 길 = 이기적인 길 → 작은 행복 + 많은 고통

사후 → 삼악도(三惡道): 축생계, 아귀계, 지옥계 → 윤회의 고통 [실패한 인생]

무지: 궁극적인 진리(모든 것은 원인과 조건에 따라 일어날 뿐 독립적으로 존재하는 것은 없다는 것)와 인과법칙(선업은 행복을, 악업은 고통을 가져온다는 것)을 모르는 것

무시이래 지금까지 윤회해오면서 우리가 한 번도 안 태어나본 곳이
없으니 지구 전체가 우리들의 집이요 고향인데 금생의 집과 고향만
자기 것인 줄 알고 금생의 가족만 자기 가족으로 챙기는 분들 -
이들이 누릴 수 있는 것은 진정한 행복이 아닙니다.

지난해의 어머니도 우리들의 어머니이듯 전생의 어머니들도 모두 다
우리들의 어머니입니다. 이렇게 보면 개나 새들까지도 모두 우리들의
가족입니다. 세계전체를 자신의 집으로 여기며 모든 중생들을 소중한
가족으로 섬기는 큰 분들에게는 개인적인 고통은 없고 큰 사랑의
기쁨만 있을 뿐입니다. [삼선도 + 삼악도 = 육도(六道)]

## 아픔 속에서도 기쁨을 선사하는 사랑의 천사!

I'm just another guy who lifts weights. But Lindsay lifts spirits, puts smiles on people's faces and pumps love into their hearts. -David Douglas, 29, champion weightlifter

난 단지 또 하나의 남자일 뿐입니다. 무게를 들어 올리는. 그러나 린드세이는 영혼을 들어 올려주고, 사람들 얼굴에 미소를 올려주며, 그들의 가슴속에 사랑을 퍼 넣어줍니다.

-데이비드 더글러스, 29세, 챔피언 역도선수

린드세이 래트클리프(Lindsay Ratcliffe), 12세, 유전적 조로증 환자

progeria: a rare, fatal genetic condition that causes premature aging at 8-10 times the normal rate, with most of those afflicted dying of heart attacks or strokes at about age 14.

조로증: 희귀한, 치명적 유전적 질환으로 정상인 비율보다 8-10배 일찍 노쇠하게 하는데, 이들 환자 대부분은 심근경색이나 뇌졸중으로 14세쯤에 사망합니다.

## 인생의 큰 그림: 중생은 모두 한 가족

모든 중생은 붓다가 될 잠재성, 불성(佛性)을
갖고 있으므로 우린 모두가 한 가족입니다.

1 성불의 잠재성으로부터 단절된 가족
2 미정(未定)된 잠재성을 가진 가족
   (이 가족은 환경에 따라 다른 가족으로
   바뀔 수 있습니다.)
3 (소승) 성문(聲聞)의 잠재성을 가진 가족
4 (소승) 독각(獨覺)의 잠재성을 가진 가족
5 대승(大乘) 가족

이들 중에서 가장 빨리 목적을 성취할 수 있는 것은
대승 가족입니다. 대승에는 현교와 밀교(금강승)이
있는데, 금강승이 가장 빠른 길이라고 합니다.

**(지혜)** 어떤 것을 읽을 때 중요한 것은 그것을 얼마나 많이
이해하느냐가 아니라 거기서 자기가 배울 수 있는 것이
무엇인지 알아보는 것입니다. 그리고 다른 종교에 대해
배타적인 태도를 갖는 것은 배움을 통해 자기 자신을
성장시킬 수 있는 소중한 기회를 스스로 빼앗는 어리석은
것입니다. 진실로 지혜로운 분들은 모든 것에 문을 열어
놓고 아무것에도 얽매이지 않습니다. 자기 자신에게
불이익을 주는 것도 세상에 불이익을 주는 것입니다.

# 빌 게이츠는 지능을 이렇게 규정합니다

Bill Gates defines intelligence

It's an elusive concept. There's a certain sharpness, an ability to absorb new facts. To walk into a situation, have something explained to you and immediately say, "Well, what about this?" To ask an insightful question. To absorb it in real time. A capacity to remember. To relate to domains that may not seem connected at first. A certain creativity that allows people to be effective.

이건 파악하기 어려운 개념입니다. 여기엔 일정한 예리함이 있는데, 새로운 사실을 흡수할 수 있는 능력입니다. 어떤 상황에 들어가서, 어떤 걸 당신에게 설명해달라고 하고, 즉각 이렇게 말하는 것입니다. "그래, 이것이 어떻다는 거야(내가 여기서 얻을 수 있는 게 뭐야)?" 꿰뚫어보는 질문을 하는 것. 그것을 금방 파악하는 것. 기억하는 능력. 처음에 관련이 없는 것처럼 보이는 영역들을 관련지우는 것. 일정한 창의력, 이것이 사람들을 효과적이게 하는 것입니다.

### ★ 미지의 세계로 들어가는 문 열어놓기: 우리들이 아는 세계보다 모르는 세계가 더 많다는 것을 명심하라

A few years ago, Erceg, 47, suffered a traumatic brain injury and now she is a gifted artist and poet. She enjoys spending time puzzling over mathematical equations. She can "see" sounds and "hear" colors when she listens to music, although she is extremely sensitive to light.

몇 년 전에, 에르시그(47세)는 와상성의 뇌 손상을 입었는데, 지금은 재능 있는 화가이자 시인입니다. 그(여자)는 즐겨 시간을 보내며 수학 방정식에 대해 곰곰 생각해봅니다. 그는 소리를 "볼" 수 있고 색깔을 "들을" 수 있습니다, 음악을 들을 때, 비록 그는 빛에 대해서는 지극히 민감하지만.

이 얘기에서 우리는 몇 가지 놀라운 사실을 유추해볼 수 있습니다. 첫째, 누구나 소리를 보고 색깔을 들을 수 있는 잠재적인 능력을 갖고 있다.
둘째, 누구나 무수한 천재적인 소질을 갖고 있다.

마지막으로, 이런 것으로 미루어볼 때 세상에는 아직 밝혀지지 않은 한없는 신비로운 세계와 차원이 있다고 볼 수 있습니다. 인간의 모든 잠재력을 개발해서 모든 것을 아는 지혜를 얻으신 분들, 붓다들이 있습니다. 이 분들이 바로 우리들이 롤 모델로 삼아야 할 분들입니다. 그것이 우리들의 최대의 성공과 행복에 도달하는 길이기 때문입니다.

## 당신이 찾는 것은 가까이, 아주 가까이 있다!

A beggar had been sitting by the side of a road for over thirty years. One day a stranger walked by. "Spare some change?" mumbled the beggar, mechanically holding out his old baseball cap. "I have nothing to give you," said the stranger. Then he asked: "What's that you're sitting on?" "Nothing," replied the beggar. "Just an old box. I have been sitting on it for as long as I can remember." "Ever looked inside?" asked the stranger. "No," said the beggar. "What's the point? There's nothing in there." "Have a look inside," insisted the stranger. The beggar managed to pry open the lid. With astonishment, disbelief, and elation, he saw that the box was filled with gold.

어떤 거지가 길가에 앉아서 30년 이상을 보냈습니다. 어느 날 낯선 사람이 걸어서 지나갈 때, "잔돈 좀 줘요?" 거지가 중얼거리면서, 기계적으로 자신의 낡은 야구 모자를 내밀었습니다. "나는 아무것도 당신한테 줄 게 없소" 그 낯선 사람이 말했습니다. 그러고는 그가 물었습니다. "당신이 앉아있는 게 뭐요?" "아무것도 아녜요" 거지가 대답했습니다. "오래된 상자일뿐예요. 저는 이 위에 앉아있었어요, 제가 기억할 수 있는 한 오랫동안 말예요." "안을 들여다 본 적 있어요?" 그 낯선 사람이 물었습니다. "아뇨" 거지가 대답했습니다. "그게 뭐가 중요해요? 저 안에 아무것도 없는데." "한 번 안을 봐요" 그 낯선 사람이 주장했습니다. 거지가 성공적으로 뚜껑을 열었습니다. 그는 놀라, 믿지 못하며, 매우 기뻐했습니다. 그 상자는 금으로 가득 차 있었습니다.

## 인생의 큰 그림;
## 궁극적으로 우리가 찾는 것은 모두 우리들 안에 있다!

What I am looking for is not out there, it is
in me.
-Helen Keller

제가 찾고 있는 것은 거기 바깥에는 없고, 그것은
제 안에 있습니다.
-헬렌 켈러

> Buddhahood is not something found by
>   searching.
> Look at the nature of your own mind.
>
> -Milarepa
>
> 붓다의 경지는 [밖에서] 찾을 수 있는 것이 아니니,
> 그대 자신의 마음의 성품(본성)을 보라.
>
> -밀라레빠

**(지혜)** 궁극적으로, 당신이 찾는 것은 당신 자신의 가장
고귀한 성품, 불성(佛性) - 이것이 당신의 여의주, 당신을
완전한 깨달음의 행복으로 인도해줄 것입니다.

이것을 당신 자신의 존재 전체로 철저히 깨닫지 않으면
밖에서 헤매면서 소중한 당신의 인생만 낭비하게 됩니다.

## 깨달음이란 무엇인가?

I am the son of the Kagyu gurus.
The ground, which is faith, arose and I
 entered the dharma.
Knowing karma, cause and effect, I've
 undergone hardship.
Through the power of the path -
Which is rousing diligence, then meditating -
I have seen the fruition, the true nature
of mind.

—Milarepa

난 까규파(Kagyu) 스승들의 아들이네.
기반인 믿음이 일어나 난 다르마에 들어갔네.
인과의 법칙 까르마를 알아 나는 고행을 했네.
도(道)의 힘에 의해,
정진하는 마음 일으켜 명상하여,
난 결실인 마음의 본성을 보았네.

—밀라레빠

## 건강비결 - 생명의 본성은 건강이라는 인식

According to the Buddhist tradition,
　people inherently possess buddha nature;
　that is, they are basically good.
From this point of view, health is intrinsic.
　That is, health comes first;
　sickness is secondary.

**(문맥)** inherently = basically = intrinsically.
　　　health ≠ sickness


불교의 전통에 의하면,
　사람들은 본래 불성을 갖고 있다고 합니다.
　다시 말해, 그들은 근본적으로 선량하다고 합니다.
이런 관점으로부터 (보면), 건강이 본성입니다.
　다시 말해, 건강이 우선하고,
　질병은 이차적이라는 것입니다.


**(지혜)** 생명의 본성은 건강이고,
　　　생명체는 끊임없이 본성을 향해 움직이고 있습니다.
　　　그러므로 우리가 이것을 도와주고
　　　스스로 건강을 해치는 생각이나 말, 행동을 하지
　　　않는다면 우리는 쉽게 건강을 유지할 수 있을 것입니다.

◯ 집중명상자료

## 인생의 큰 그림-우리들의 성장과정: 세 종류의 스승

The outer guru <u>portrays</u> the external as
 the continuum of <u>consciousness</u>.
The inner guru <u>shows</u> the internal as
 the continuum of <u>awareness</u>.
The ultimate guru shows <u>mind</u> is the ultimate
continuum.　　　　　　　　　　　　　　　–Milarepa

**(문맥)** portrays = shows. consciousness =
　　awareness = mind

외부 스승은 <u>외적인 것</u>(외부대상, 外境외경)을 의식의
　　연속적인 존재로 보여주고, [외경=의식의 연속체]
내부 스승은 <u>내적인 것</u>(내부마음, 內心내심)을 의식의
　　연속적인 존재로 보여주며, [내심=의식의 연속체]
궁극적인 스승은 <u>의식</u>을 궁극적인 연속적인 존재로
　　보여준다. [의식=궁극적인(진실, 空性공성의) 연속체]
　　　　　　　　　　　　　　　　　　　–밀라레빠

우리가 거주하는 세계는 <u>외적으로</u> <u>내적으로는</u> <u>의식의</u>
세계이고, <u>궁극적으로는</u> 공성의 세계입니다. 우리는
처음에는 외부 스승이나 대상에 의지하고, 다음에는
내부 스승이나 자질을 개발하며, 마지막으로 궁극적인
스승, 궁극적인 진실에 도달합니다.

## 스승과의 만남 - 경이로운 영향

Renowned from afar, this father Lotsawa,
Just hearing his name, my hair stood on end.
Traveling a difficult path, I came into his presence.
When I saw his face, my outlook instantly changed.
That he was a guru from former lifetimes was sure.

-Milarepa

멀리로부터 유명한 이 아버지(나의 스승) 역경사는,
그의 이름 듣기만 해도, 내 머리털은 곤두섰네.
어려운 길 여행해, 난 그가 있는 곳에 왔네.
그의 얼굴 보자, 내 세계관은 즉각 바뀌었네.
그가 전생으로부터 스승님이었음은 확실했네.

-밀라레빠

Hearing the Jetsun singing a song of realization,
his outlook changed ...
As soon as the boy saw Milarepa's face, an indescribable samadhi arose
in his mind-stream.
He just stood there for a while, straight and still.

밀라레빠가 깨달음의 노래 부르는 것을 듣자, 그의 세계관은 바뀌었다… 그 소년은 밀라레빠의 얼굴을 보자마자, 말할 수 없는 삼매가 그의 마음의 흐름 속에 일어났다. 그는 그냥 서 있었다, 잠시 동안, 똑바로, 꼼작하지 않고.

## ⭐ 당신의 세계의 결정자는 당신의 마음

As to the pure mind all things are pure,
so to the poetic mind all things are poetical.

-Henry Wadsworth Longfellow

청정한 마음에게 모든 것이 청정하듯,
시적인 마음에게 모든 것이 시적이네.

-헨리 워즈워드 롱펠로

> What we achieve inwardly will change outer reality. -Plutarch(AD 46-120)
>
> 우리가 내적으로 성취하는 것이 외부 현실을 바꿉니다.
>
> -플루타크

**(지혜)** 우리 눈에 보이는 것은 모두가 우리들 자신의 마음의 거울에 비친 그림자일 뿐이니, 마음만 수련하면 우린 누구나 성인(聖人), 세상에서 가장 행복한 존재, 붓다의 왕국을 건설할 수 있습니다.

## ★ 인생의 낭비를 막는 한 가지 사소하나 중요한 일

Many successful people, from Barack Obama to Steve Jobs, wear the same outfit every day.

많은 성공한 사람들은, 버락 오바마로부터 스티브 잡스에 이르기까지, 날마다 같은 옷을 입습니다.

Psychologically, these successful people wear the same clothes to keep from having to decide what to wear. In doing so, they avoid decision fatigue, or the psychological idea that making decisions depletes your brain's energy.
**(문맥)** outfit = clothes

심리학적으로, 이들 성공한 사람들이 같은 옷을 입는 것은 무엇을 입을지 결정해야 하는 것으로부터 벗어나기 위한 것입니다. 그렇게 함으로써, 이들은 결정 피로를 피하는데, 이것은 심리학의 개념입니다. 결정을 하는 것이 우리들의 뇌의 에너지를 소모한다는 것.

낭비 - 우리들의 신속한 성공을 방해하는 무서운 적!

## 성공의 열쇠는 독서

When Warren Buffett started his investing career, he would read 600, 750, or 1,000 pages a day.

Even now, he still spends about 80% of his day reading.

워런 버핏이 투자 전문가로 출발할 때, 그는 하루에 600, 750, 혹은 1000 페이지를 읽었습니다.

지금도, 그는 여전히 자신의 하루의 약 80%를 독서하며 보냅니다.

I really had a lot of dreams when I was a kid, and I think a great deal of that grew out of the fact that I had a chance to read a lot.
-Bill Gates

저는 정말 어렸을 때 꿈이 많았는데, 제가 생각하기에 그것은 제가 많이 읽을 기회가 있었기 때문인 것 같습니다.
-빌 게이츠

최초의 성공의 싹은 어린 시절의 꿈 - 꿈은 노인도 새로운 성공과 건강, 장수로 인도합니다.

## 워런 버핏이 독서를 많이 하는 까닭

"Look, my job is essentially just corralling more and more and more facts and information, and occasionally seeing whether that leads to some action," he once said in an interview.

"We don't read other people's opinions," he said. "We want to get the facts, and then think."

"봐요, 저의 일은 근본적으로 단지 점점 더 많은 사실과 정보를 모으고, 가끔 그것이 어떤 행동으로 인도하는지 보는 거예요," 그가 언젠가 어떤 인터뷰에서 말했습니다.

"우리는 다른 사람들의 의견은 읽지 않습니다. 우리가 원하는 것은 사실을 얻고, 그런 다음 생각하는 것입니다."

I do more reading and thinking, and make less impulse decisions than most people in business.

저는 더 많이 읽고 생각합니다, 그래서 저는 충동적인 결정을 대부분의 사업을 하는 사람들보다 더 적게 합니다.

> ★ 워런 버핏의 투자성공의 비밀을 보여주는 말!

Rule No. 1: Never lose money.
Rule No. 2: Don't forget rule No. 1.

규칙 1: 절대로 돈을 잃지 마라.
규칙 2: 규칙 1을 잊지 마라.

Price is what you pay. Value is what you get.

가격은 당신이 지불하는 것이고, 가치는 당신이 얻는 것입니다.

Risk comes from not knowing what you're doing.

위험은 자기가 무얼 하고 있는지 모르는 것으로부터 옵니다.

You only have to do a very few things right in your life so long as you don't do too many things wrong.

당신의 인생[투자]에서 몇 가지만 바르게 하면 됩니다. 당신이 너무 많은 것을 잘못 하지 않는 한 말예요.

Whether we're talking about socks or stocks, I like buying quality merchandise when it is marked down.

양말이든 주식 얘기이든, 제가 좋아하는 것은 질이 좋은 상품을 가격이 내렸을 때 사는 것입니다.

When major declines occur, they offer extraordinary opportunities to those who are not handicapped by debt.

대대적인 주가하락은 굉장한 기회입니다. 빚이 있어 불리하지 않은 분들에게는.

> I've learned that it doesn't matter how many times you failed. You only have to be right once. I tried to sell powdered milk. I was an idiot lots of times, and I learned from them all.     -Mark Cuban
>
> 제가 깨달은 것은 얼마나 여러 번 당신이 실패했는지는 문제가 안 됩니다. 한 번만 맞으면(성공하면) 되니까요. 저는 분유를 팔려고 했었죠. 저는 바보짓을 여러 번 했는데, 그 모든 것으로부터 배웠습니다.     -마크 큐번

## 빌 게이츠(Bill Gates)가 성공한 까닭

I was a kind of hyper-intense person in my
twenties and very impatient.　　　　　　　　-Bill Gates

저는 일종의 지나치게-광적인 사람이었습니다, 제 20대에,
그리고 매우 참을성이 없었습니다.　　　　　　-빌 게이츠

I never took a day off in my twenties. Not one.
And I'm still fanatical, but now I'm a little less
fanatical.　　　　　　　　　　　　　　　　-Bill Gates

저는 하루도 쉬지 않았습니다, 제 20대 때에. 단 한 번도.
그리고 저는 여전히 광적입니다. 그러나 지금 전 조금
덜 광적입니다.　　　　　　　　　　　　　-빌 게이츠

Exposure from a young age to the realities of the world
is a super-big thing.　　　　　　　　　　　-Bill Gates

어린 나이부터 세계의 현실에 노출되는 것은 극도로 중요합니다.
　　　　　　　　　　　　　　　　　　　　-빌 게이츠

I have an excellent memory, a most excellent memory.
　　　　　　　　　　　　　　　　　　　　-Bill Gates

저는 탁월한 기억력을 갖고 있습니다, 매우 탁월한 기억력을.
　　　　　　　　　　　　　　　　　　　　-빌 게이츠

When Paul Allen and I started Microsoft over 30 years
ago, we had big dreams about software. We had dreams
about the impact it could have.　　　　　　-Bill Gates

폴 앨런과 제가 30여 년 전에 마이크로소프트를 시작했을 때,
저희들은 소프트웨어에 관해 큰 꿈을 갖고 있었습니다. 우리는
그것이 미칠 수 있는 영향에 대한 꿈을 갖고 있었습니다. -빌 게이츠

In this business, by the time you realize you're
in trouble, it's too late to save yourself. Unless you're
running scared all the time, you're gone.　　-Bill Gates

이 사업에서는, 우리가 곤경에 빠져있다는 것을 깨달을 때에
이르면, 너무 늦어 저희들 자신을 구출할 수 없습니다. 노상
걱정을 하지 않으면, 가는 겁니다.　　　　　　-빌 게이츠

Whether I'm at the office, at home, or on the road,
I always have a stack of books I'm looking forward to
reading.　　　　　　　　　　　　　　　　-Bill Gates

전 사무실이나 집이나 길에 있든, 언제나 책을 한 더미 갖고
다닙니다, 읽고 싶은 책을요.　　　　　　　　-빌 게이츠

게이츠는 작업광일 뿐만 아니라 독서광이기도 합니다. 세상에
미치지 않고 성공하는 사람은 없습니다. 깨달음을 향해 나아가는
수행자도 마찬가집니다.

### 기회가 있는 분야 찾기: 학교교육

In almost every area of human <u>endeavor</u>, the <u>practice</u> improves over time. That hasn't been the case for <u>teaching</u>.   −Bill Gates (practice = endeavor)

거의 모든 분야의 인간의 <u>노력(일)</u>에서, 그 일(노력)은 개선됩니다. 시간이 지남에 따라서. <u>교육</u> 분야에서는 그렇지 않습니다.   −빌 게이츠

What's amazing is, if young people understood how doing well in school makes the rest of their life so much interesting, they would be <u>more motivated</u>. It's so far away in time that they can't <u>appreciate</u> what it means for their whole life.   −Bill Gates

놀라운 것은, 만일 젊은 사람들이 학교에서 공부 잘하는 것이 어떻게 그들의 남은 생을 너무도 재미있게 만들지를 이해한다면, 그들은 <u>더 많은 학습의욕</u>을 갖게 될 것입니다. 이건 시간적으로 너무 멀어서 그들은 그것이 그들의 전 생애에 무엇을 의미하는지 <u>깨닫지</u> 못합니다.   −빌 게이츠

> **(지혜)** 의욕은 어떤 분야에서나 매우 중요한 추동력입니다. 이것이 소진된 상태가 burnout, '의욕이 타버려 작동이 멈춘 상태(의욕소진)'인데, <u>스트레스</u>가 주원인입니다. 스트레스를 받지 않는 비결은 자기가 하는 일이 얼마나 <u>소중한지 깨달아서</u> 언제나 기쁨과 고마움으로 대하는 것입니다.

## '작은 사람' Jack Ma의 '위대한' 성공

### 성공의 출발점 : 매료

Jack Ma was captivated by the internet after visiting the US in 1995. He soon launched two internet startups which both failed. As his third venture, Ma started an online marketplace where exporters could post product listings so customers could buy directly from them.

마윈은 인터넷에 매료되었습니다, 미국을 1995년에 방문한 뒤에. 그는 곧 두 인터넷 창업회사를 시작했으나 둘 다 실패했습니다. 그의 세 번째 벤처로, 마는 온라인 장터를 시작했는데, 여기에서 수출업자들이 생산품 목록을 올릴 수 있게 해서 고객들이 직접 그들로부터 살 수 있게 했습니다.

### 장기적인 안목과 끈기

Today is difficult, tomorrow is much more difficult, but the day after tomorrow is beautiful. Most people die tomorrow evening.　　　　　-Jack Ma (beautiful ↔ difficult)

오늘은 어렵고, 내일은 훨씬 더 어렵습니다, 그러나 모래는 아주 좋은데(쉬운데), (불행하게도) 대부분의 사람들은 내일 저녁을 넘기지 못합니다.　　　　　　　　　　-잭 마

If you want to be successful tomorrow, it's impossible.
If you want to be successful a year later, it's impossible.
But if you want to win 10 years later, you have a chance.
-Jack Ma **(문맥)** win = be successful

만일 당신이 내일 성공하길 바라면, 그건 불가능합니다.
만일 당신이 1년 뒤에 성공하길 바라면, 그건 불가능합니다.
그러나 만일 당신이 10년 뒤에 성공하길 바라면, 가능할 수 있습니다.
-잭 마

더 높이 올라갈수록 더 멀리 더 많이 볼 수 있고, 따라서 더 크게 성공할 수 있습니다. 이런 점에서 가장 높은 가르침에 대한 공부는 매우 중요합니다. 올라가 보면 그동안 자기가 살아온 세계가 얼마나 작고 하찮은 것인지 알게 될 것입니다. 10년 뒤가 아니라 우리는 최소한도 다음 생까지는 생각해야 합니다. 그래야 금생도 의미 있게 보내고 다음 생에는 좋은 곳에서 다시 태어날 수 있습니다.

### 대인(大人)다운 마음가짐

It doesn't matter if I failed. At least I passed the concept on to others. Even if I don't succeed, someone will succeed.
-Jack Ma

제가 실패해도 상관없습니다. 적어도, 제가 아이디어를 남들에게 전해주었으니까요. 제가 성공하지 못하더라도, 누군가 성공할 거니까.
-잭 마

🔵 집중명상자료

## 대인(大人)의 길 – 성인(聖人)의 길!

Philanthropy is not about helping others, it's about helping yourself. When you change, the world changes.

-Jack Ma

**(표현)** A is about B. A에서 가장 중요한 것은 B입니다.

자선의 가장 중요한 점은 남들을 돕는 것이 아닙니다. 그건 자기 자신을 돕는 것입니다. (왜냐하면) 자기가 바뀌면, 세상이 바뀌기 때문입니다.

-잭 마

**(지혜)** 불교에서 보시의 목적은 남들을 돕는 것보다 보시자 자신의 인색한 마음을 치유하는 데에 있습니다. 이렇게 생각하면 더 쉽게 보시하는 마음을 낼 수 있을 겁니다. 자기 자신에게 주는 거나 다름없으니까. 여기 수행이나 선행(善行)의 경이로움이 있습니다. 자기를 돕는 것이 곧 남들을 돕는 것이고, 남들을 돕는 것이 곧 자기 자신을 돕는 것이라는 이중적인 축복 말입니다. 이것이 지혜로운 사람들이 추구하는 길입니다 –자리이타(自利利他)의 대인의 길!

What we do now echoes in eternity.   -Marcus Aurelius

우리가 지금 하는 행동이 영원 안에서 메아리칩니다.

-마커스 아오렐리우스

## 이타(利他)가 이기(利己)

It is ever true that he who does nothing for others, does nothing for himself.
　　　　　　　　　　　　　　　　　　　-Goethe

이것은 언제나 진실이다. 남들에게 아무 이익을 주지 않는 사람은 자기 자신에게 아무 이익을 주지 않는다는 것.
　　　　　　　　　　　　　　　　　　　-괴테

When you are good to others, you are best to yourself.
　　　　　　　　　　　　　　　　-Benjamin Franklin

남들에게 이익을 줄 때, 당신은 당신 자신에게 가장 많은 이익을 주는 겁니다.
　　　　　　　　　　　　　　　　-벤저민 프랭클린

자기 자신만 위하는 사람은 남들에게 해를 끼칠 수 있습니다. 그 해는 언젠가는 자기 자신에게로 되돌아오게 마련입니다. 더구나 이런 사람은 누구에게도 사랑을 받지 못할 테니 거기서 오는 외로움과 괴로움은 적지 않을 것입니다.

그러나 항상 남들을 먼저 생각하는 사람은 자기가 남들에게 준 것보다 훨씬 더 많은 것을 받게 됩니다.

이기심은 무지에서, 이타심은 지혜에서 나옵니다!

## 깨달은 분들의 가르침: 아집(我執)이 고통의 근원

Without taming the demon of clinging to a self,
The hammer of the afflictions will beat the yogi.

-Milarepa

자아에 대한 집착이란 악마 길들이지 않으면,
번뇌의 망치가 합일(合一)수행자를 때릴 거네.

-밀라레빠

> 아집 → 번뇌 → 무명(無明), 무지의 고통 / 무아(無我)의 지혜(= 공성의 지혜 = 바른 견해 = 정견(正見) → 해탈의 안락

Now, on the other side, self-clinging has been
   relinquished;
"Generosity" is nothing other than that.

-Milarepa

이제, 반면에, 아집은 버려졌네.
"보시"란 다름 아닌 이거네.

-밀라레빠

보시 = 아집(我執), 자아가 독립적으로 존재한다고 믿는 것을 버리는 것.

### • 낙관적인 태도

As entrepreneurs, if you're not optimistic, you're in trouble. So the people I choose, they have to be optimistic.
　　　　　　　　　　　　　　　　　　　　　-Jack Ma

기업가가 낙관적이지 않으면 곤경에 빠집니다. 그래서 제가 선택하는 사람들은 낙관적이어야 합니다.
　　　　　　　　　　　　　　　　　　　　　-잭 마


### • 긍정적인 태도

Leadership is your instinct, then it's your training. Leaders are always positive, they never complain.
　　　　　　　　　　　　　　　　　　　　　-Jack Ma

지도력은 타고난 것이고, 다음에는 기르는 것입니다. 지도자는 언제나 긍정적이고, 절대로 불평하지 않습니다.
　　　　　　　　　　　　　　　　　　　　　-잭 마


### • 기분 나쁜 일을 당하더라도

Of course, you're not happy when people say 'no.' Have a good sleep, wake up, and try again.
　　　　　　　　　　　　　　　　　　　　　-Jack Ma

물론, 기분이 좋지 않을 것입니다. 사람들이 '노'라고 하면. 허나 잘(푹) 자고, 일어나, 다시 해보세요.
　　　　　　　　　　　　　　　　　　　　　-잭 마

## 싸우지 말고 적을 만들지 마라

Players should never fight. A real businessman or entrepreneur has no enemies. Once he understands this, the sky's the limit.

-Jack Ma

직원들은 절대로 싸우지 말아야 합니다. 진정한 사업가나 기업가에게는 적이 없습니다. 일단 그가 이것을 이해하면, 그의 성공 가능성은 한이 없습니다.

-잭 마

**(지혜)** 단 한 사람이라도 미워하거나 적으로 만드는 사람은 그만큼 사랑과 도움을 받을 기회를 자기 자신으로부터 빼앗는 어리석은 사람입니다.

### 제가 집중하는 것은 고객과 직원의 행복과 가치 창조

I do everything to make sure my customer is happy, my employee is happy, society is healthy. I would focus on customers, I would focus on not making money, I would focus on making values

-Jack Ma

저는 최선을 다해 노력합니다, 저의 고객이 행복하고, 저에게 고용된 분들이 행복하며, 사회가 건강하게 하려고. 저는 고객들에게 집중하고, 돈 벌이에는 집중하지 않을 것입니다. 저는 가치 창조에 집중할 것입니다.

-잭 마

## 사람들을 다루는 기술: soft skill

I know nothing about technology, I know nothing about marketing, I know nothing about (the legal) stuff. I only know about people.
-Jack Ma

저는 과학기술에 대해 아는 것이 없습니다. 저는 마케팅에 대해 아는 것이 없고, 법적인 것에 대해서도 아는 것이 없습니다. 저는 단지 사람들에 대해 알 뿐입니다.
-잭 마

### 지도자의 역할

I always find people smarter than I am. Then my job is to make sure smart people can work together. Stupid people can work together easily, smart people can't.
-Jack Ma

저는 항상 저보다 더 영리한 사람들을 발견합니다. 그러면 저의 역할은 영리한 사람들이 함께 일할 수 있도록 만들어주는 것입니다. 어리석은 사람들은 쉽게 함께 일할 수 있으나, 영리한 사람들은 그렇게 하지 못하니까요.
-잭 마

영리한 분들은 일반적으로 에고(ego)가 강하기 때문입니다.

## 양면의 지혜: 작은 것들의 위대함

My favorite movie is Forrest Gump. He said, nobody makes money catching whales, people make money catching shrimps. So we serve small business.

-Jack Ma

제가 좋아하는 영화는 Forest Gump입니다. 그가 말했습니다, 아무도 고래를 잡아서는 돈을 벌지 못하고, 사람들이 돈을 버는 것은 새우를 잡아서라고. 그래서 저는 작은 기업을 고객으로 섬깁니다.

-잭 마

When you are small, you have to be very focused and rely on your brain, not your strength. -Jack Ma

체구가 작은 사람은 집중력이 매우 강해야 하고 두뇌에 의존해야 합니다, 체력이 아니라.

-잭 마

인생에서 중요한 것은 성취가 아니라 고난의 경험

In my life, it's not how much we've achieved, it's how much we've gone through the tough days. -Jack Ma

제 인생에서, 중요한 것은 얼마나 많이 우리가 성취했느냐가 아니라, 얼마나 많이 우리가 어려운 날들을 헤쳐 나왔느냐는 것입니다.

-잭 마

## 성공의 3대 요건: 높은 감성 지수(EQ)와 지성 지수(IQ)와 사랑 지수(LQ)

Last century, people competed with muscle. This century, it's not muscle, it's wisdom. If a person wants to be successful he should have a high EQ. If he doesn't want to lose quickly, he should have a high IQ, but if he wants to be respected, he should have a high LQ, the Q of love.

-Jack Ma

지난 세기에, 사람들은 근육으로 경쟁했습니다. 이 세기에는, 근육이 아니라, 지혜입니다. 우리가 성공하려면 우리는 EQ(감성지수)가 높아야 합니다. 빨리 패하지 않으려면, 우리는 IQ(지능지수)가 높아야 합니다. 그러나 존경받으려면, 우리는 LQ(사랑지수)가 높아야 합니다.

-잭 마

### 다른 사람들의 실패로부터 배워야 하는 까닭?

If you want to be successful, learn from other people's mistakes, not their successes. No matter how smart you are, you will encounter these mistakes, and you'll know how to deal with them.

-Jack Ma

성공하고 싶다면, 다른 사람들의 실수로부터 배우세요, 성공이 아니라. (왜냐하면) 당신이 아무리 영리하더라도, 당신은 이런 실수를 만나게 될 텐데, 거기에 어떻게 처리할지 알게 될 테니까요.

-잭 마

## ★ 다양한 사고방식을 가진 집단의 유리한 점

Intelligent people need a fool to lead them. When the team's all a bunch of scientists, it is best to have a peasant lead the way. His way of thinking is different. It's easier to win if you have people seeing things from different perspectives.
　　　　　　　　　　　　　　　　　　　　　　　-Jack Ma

지혜로운 사람들은 어리석은 사람이 그들을 이끌어갈 필요가 있습니다. 팀원이 모두 과학자들일 때, 가장 좋은 것은 농부가 그들을 이끌어가게 하는 것입니다. 그의 사고방식이 다르기 때문입니다. 성공하기가 더 쉽습니다, 다른 관점으로부터 사물을 보는 사람들을 갖고 있으면.　　　　　　　-잭 마

**(지혜)** 가장 이상적인 것은 이른바 "다양성 가운데 통일성(unity in diversity)"입니다. 왜냐하면 이것이 우리가 거주하는 세계의 존재의 기반이기 때문입니다. 상대적으로는 (상대적 진실은) 한없이 다양하지만 궁극적으로는 (궁극적인 진실은) 동일한 성품(空性공성)입니다.

Talent perceives differences; genius, unity.
　　　　　　　　　　　　　　　-William Butler Yeats

재능을 가지 사람은 차이들(다양성)을 파악하고, 천재는 통일성을 파악합니다.　　　　　　　-윌리엄 버틀러 예이츠

**(지혜)** 다양성은 표면적인 양상이고, 통일성은 깊은 성품, 본성입니다. 양면을 다 제대로 보는 것이 바른 지혜입니다.

## ★ 기계화 시대에 증가하는 인간적인 가치의 중요성

If machines can do things better, we have to change the way we teach. The key things are value, believing, independent thinking, teamwork, care for others, making sure humans are different from machines.      -Jack Ma

만일 기계가 일을 더 잘 할 수 있다면, 우리는 교육방법을 바꿔야 합니다. 핵심적인 것은 가치, 믿음, 독립적인 사고, 팀워크, 남들에 대한 배려인데, 이것들이 인간을 기계와 다르게 만드는 것입니다.

-잭 마

날이 갈수록 더욱더 빠른 속도로 기계들이 우리들의 생활 속에 더 많이 들어올 테니 인간적인 자질의 개발과 정신적인 건강을 유지하는 일은 더욱더 중요해질 것입니다.

U.S. suicide rates are at their highest since World War II, according to federal data - and the opioid crisis, widespread social media use and high rates of stress may be among the myriad contributing factors.

미국의 자살률은 세계 2차 대전 이후 최고에 있다고 합니다, 연방 정부 자료에 의하면 - opioid 위기와 광범위하게 퍼져있는 소셜 미디어 사용과 높은 스트레스 율이 수많은 기여 요소들에 속할 가능성이 있습니다.

# 미래를 위한 투자

Hire as many young people as possible, because they are never scared. We make wrong decisions, we make the wrong policies, we kill their future. So trust the young people. Trust the small business. Build (an) environment, build the ecosystem for them. This is our future.　　-Jack Ma

될 수 있는 대로 젊은이들을 많이 고용하십시오, 그들은 겁이 없으니까요. 우리는 그릇된 결정을 하고, 우리는 그릇된 정책을 만들며, 우리는 그들의 미래를 죽입니다. 그러니 젊은이들을 신뢰하세요. 작은 기업을 신뢰하세요. 자연환경을 건설하고, 에코시스템을 건설하세요, 그들을 위해. 이것이 우리들의 미래입니다.　　-잭 마

## 미래에 대한 준비: 인터넷 세대에 주의를 기울여야 하는 까닭?

The next 30 years are going to be critical for the world. Make the technology inclusive, make the world change. Pay attention to those people who are 30 years old. Those are the internet generation. They will change the world.

　　-Jack Ma

다음 30년이 세계를 위해 결정적으로 중요할 것입니다. 과학기술을 누구에게나 개방하고, 세계를 변하게 해야 합니다. 30세인 사람들에게 주의를 기울입시오. 이들은 인터넷 세대입니다. 이들이 세계를 바꿀 겁니다.　　-잭 마

## 과거에서 벗어나 비전을 가져라!: 자율 주행차 산업의 대부 시배스천 드룬(Sebastian Thrun)의 성공비밀

The best ideas are the ones that everyone thinks are crazy, especially the experts.

But experts tend to be experts of the past, not the future.
　　　　　　　　　　　　　　　　　　-Sebastian Thrun

가장 좋은 아이디어는 누구나, 특히 전문가들이, 미쳤다고 생각하는 것들입니다.

그러나 전문가들은 일반적으로 과거의 전문가이지, 미래의 전문가가 아닙니다.
　　　　　　　　　　　　　　　　　　-시배스천 드룬

드룬의 성공 뒤에는 구글 공동 창업자 Larry Page가 있습니다. 그가 Thrun을 단순한 전문가로부터 비전을 가진 사람(visionary)으로 발전시켜주었습니다. 다음 둘 사이의 대화에 Page의 지혜가 번뜩입니다.

"자율 주행차를 만들 수 없다는 기술적인 근거가 있습니까?"
"없습니다."
"그럼, 만들어보시오."

### ★ 자유직업 시대, 성공은 용감한 도전자 편이다!

I quit my office job to pursue freelance writing full-time with almost no savings.

In three years, I've doubled my income and cut my expenses in half.

Most importantly, I've gained freedom, flexibility, and a great work-life balance.

저는 사무직을 그만두고 전업 프리랜서 작가로 글을 쓰기 시작했는데, 저축해 놓은 돈은 거의 없었습니다.

3년 만에, 저는 수입은 두 배로 올렸고, 지출은 반으로 줄였습니다.

가장 중요한 것은, 제가 얻은 자유, 시간적인 융통성과 탁월한 일과 삶의 균형입니다.

**(지혜)** 성공하는 사람들은 아무도 보지 못하는 곳에서 가능성을 보고, 길이 없는 곳에 새로운 길을 만듭니다.

## 성공하는 사람들의 특징: 굶주림

Some people send out résumés and quietly wait their turn. But there are some people, who don't wait. I don't know exactly what's going on inside them; but they have this … hunger. It's almost like an ache. Something inside you says I can't wait to be asked. I just have to jump in and do it.

-Robert Krulwich

일부 사람들은 이력서를 내보내고 조용히 자기들의 차례를 기다립니다. 그러나 일부 사람들은 기다리지 않습니다. 나는 그들의 마음속에서 어떤 일이 벌어지는지 정확히 모릅니다. 그러나 그들은 이 … 굶주림을 갖고 있습니다. 그건 거의 통증과 비슷합니다. 뭔가 내부에서 그들에게 말합니다, 부를 때까지 난 기다릴 수 없어. 나는 뛰어 들어가 그걸 해야 해.

-로버트 크룰위치

수많은 사람들을 성공으로 이끈 명언:

Stay hungry! 굶주림 속에 머물러라!
Stay foolish! 어리석음 속에 머물러라!

Never stay up on the barren heights of cleverness,
but come down into the green valleys of silliness.

-Ludwig Wittgenstein

절대로 영리함의 불모의 고지(高地) 위에 머물지 말고, 내려와서
어리석음의 푸른(비옥한) 계곡으로 들어가시오.

-루트비히 비트겐쉬타인

### 양면의 지혜

There is something in humility which strangely
exalts the heart.
-Saint Augustine

겸손에는 어떤 것이 있어서 신기하게도 우리의 마음을
고양시킵니다.
-성 오거스틴

> **현대사회에서 가장 빨리 많은 돈을 버는 방법:
> 큰 문제를 찾아 남들보다 먼저 해결하는 것**

The fastest way to make money is to solve a problem.

The bigger the problem you solve, the more money you make.

가장 빠른 돈 버는 방법은 문제를 해결하는 것입니다.
더 큰 문제를 해결할수록, 더 많은 돈을 법니다.

---

**문제를 찾는 방법: 질문하기**

On his favorite book when he [Elon Musk] was a teen, "The Hitchhiker's Guide to the Galaxy"

"It taught me that the tough thing is figuring out what questions to ask, but that once you do that, the rest is really easy." **(문맥)** tough ↔ easy

그(일런 머스크)가 10대였을 때 그가 좋아하던 책, "The Hitchhiker's Guide to the Galaxy"에 관한 그의 얘기:

"그것은 저에게 가르쳐주었습니다, 어려운 것은 어떤 질문을 할 것인지 알아내는 것입니다. 그러나 일단 그것을 하면, 나머지는 정말 쉬워요."

## 지혜 - 질문의 중요성

Highly intelligent people question the status quo. They question the old ways to do things. They have unusual, out of the box, apparently 'crazy' ideas.

고도로 지혜로운 사람들은 현재 상태(일을 처리하는 현재의 방식)에 대해 의문을 제기 합니다. 그들은 일을 처리하는 낡은 방식에 대해 의문을 제기합니다. 그들은 예사롭지 않은, 틀에서 벗어난, '미친' 것처럼 보이는 생각을 갖고 있습니다.

Successful people (like successful companies) are always asking, "What if we did it this way?"

성공하는 사람들은 (성공하는 회사들과 같이) 노상 묻습니다, "만일 그걸 이런 방식으로 해보면 어떨까?"

**(지혜)** 질문이 중요한 이유는 그것이 문제해결로 가는 가장 빠른 길일뿐만 아니라, 또한 새로운 발견과 발명으로 이르는 문이기 때문입니다.

## ★ 성공하는 사람들의 작업순서: 가장 하기 싫은 것부터 먼저 하기

"Eating a frog" is the best antidote for procrastination, and ultra-productive people start each morning with this tasty treat. In other words, they do the least appetizing, most dreaded item on their to-do list before they do anything else. After that, they're freed up to tackle the stuff that excites and inspires them.

**(문맥)** do the least appetizing, most dreaded item
  ≠ tackle the stuff that excites and inspires them
  (tackle = do. stuff = item)

"개구리를 먹는 것"은 미루는 것에 대한 가장 좋은 치료법입니다. 그래서 극도로 생산적인 사람들은 매일 아침을 이 맛있는 것으로 시작합니다. 다시 말해서, 그들은 처리해야 할 목록에서 가장 구미에 당기지 않고, 가장 두려운 항목을 하고 나서 다른 것을 합니다. 그렇게 하고 나면, 그들은 자유로이 자기들이 가장 좋아하는 일을 할 수 있으니까요.

## ⭐ 두려워하지 말고 실패하라, 더 좋게!

Failure can be <u>awful</u>. But living so
cautiously that you never fail is <u>worse</u>.
-J.K. Rowling **(문맥)** worse = more awful

실패는 매우 나쁠 수 있습니다. 그러나 너무
조심하며 살아서 한 번도 실패지 않는 것은 더
나쁜 것입니다.　　　　-J.K. 롤링, 해리 포터(Harry Potter)의 저자

> **(지혜)** 세상에서 가장 크게 성공한 사람들은
> 일반적으로 가장 많이 실패한 사람들입니다.
>
> 중요한 것은 실패하더라도 좌절하지 말고, 그것을
> 배움과 성공을 위한 자원으로 이용하는 것입니다.

There's a way to do it better - find it.　　-Thomas A. Edison

그걸 더 잘 할 방법이 있습니다 - 그걸 찾아요.　　-토마스 에디슨

Fail, fail again, fail better!　　-Samuel Becket

실패하고, 다시 실패하고, 더 좋게 실패하시오!　　-사무엘 베케트

They say President Wilson has blundered.
Perhaps he has, but I notice he usually
blunders forward.     -Thomas A. Edison

그들은 윌슨 대통령이 실수를 했다고 말합니다. 아마
그랬을 겁니다. 그러나 제가 보기에 그는 대개 실수
하면서 앞으로 나아갑니다.     -토마스 에디슨

Failure is simply the opportunity to begin again,
this time more intelligently.     -Henry Ford

실패는 단지 다시 시작할 기회일 뿐입니다. 이번에는
더 현명하게 말예요.     -헨리 포드

Instead of learning from other people's success, learn from their mistakes. Most of the people who fail share common reasons (to fail), whereas success can be attributed to various different kinds of reasons.
    -Jack Ma

**(문맥)** success can be ~ reasons = people can succeed for various different kinds of reasons

다른 사람들의 성공으로부터 배우지 말고, 그들의 실패로부터 배우십시오. (왜냐하면) 대부분의 사람들이 실패하는 것은 공통된 이유 때문이지만, 반면에 성공에는 다양한 다른 종류의 이유가 있을 수 있기 때문입니다.     -잭 마

◐ 집중명상자료

## 인생의 큰 그림: 너무도 귀중한 양면의 지혜
## 좋은 것의 나쁜 점 – 나쁜 것의 좋은 점

Success is dangerous. One begins to copy oneself, and to copy oneself is more dangerous than to copy others. It leads to sterility.

-Pablo Picasso

성공은 위험합니다. 성공한 사람은 자기 자신(작품)을 복사하기 시작하는데, 자기 자신을 복사하는 것은 남들을 복사하는 것보다 더 위험합니다. 그것은 불모(不毛)로 인도하기 때문입니다.

-파블로 피카소

The chief enemy of creativity is "good" sense.

-Pablo Picasso

창의성의 가장 중요한 적(敵)은 "좋은" 센스(良識양식)입니다.

-파블로 피카소

Success is a lousy teacher. It seduces smart people into thinking they can't lose.　　　　-Bill Gates

**(문맥)** lose (=fail) ↔ succeed

성공은 형편없는 선생입니다. 그것은 영리한 사람들을 유혹해 생각하게 합니다, 자기들은 실패하지 않는다고.

-빌 게이츠

> 집중명상자료

## 가장 큰 마음의 평온의 비결: 양변초월

When you see something bad, think,
"Bad is not so bad," and
when you see something fantastic, think,
"Good is not so good."　　　　　　　　-Lama Yeshe

**(문맥)** bad ↔ fantastic (= good)

당신이 어떤 나쁜 것을 보면, 생각하세요,
"나쁜 게 그리 나쁘지 않군," 그리고
당신이 굉장한(좋은) 것을 보면, 생각하세요,
"좋은 게 그리 좋지 않군."　　　　　　　-라마 예세

**(지혜)** 이렇게 하면, 우리는
　　　　나쁜 것에 대한 집착, 미움으로부터 벗어나고,
　　　　좋은 것에 대한 집착, 탐착으로부터도 벗어나
　　　　중도의 평온을 얻을 수 있습니다.

> ★ 양면의 지혜: 채우는 것보다 더 중요한 게
> **비우는 것 – 비움, 버림은 새로운 지혜공간의 창조**

The most useful piece of learning for the
uses of life is to unlearn what is untrue.

–Antisthenes

삶을 유용하게 살기 위한 배움의 가장 유용한
부분은 그릇된 것을 버리는 것입니다.

–안티스테네스(기원전 445년-기원전 365년경)

I decided to start anew, to strip away what
I had been taught.

–Georgia O'Keeffe

저는 결심했습니다, 다시 시작하고, 벗겨 버리기로,
제가 배운 것을.

–조지아 오키프

> **(지혜)** 높은 단계로 올라와 보면 아래 단계에서 중요하게 생각했던 대부분의 지식은 유치해보이니 저절로 떨어져나가게 됩니다. 높은 가르침의 중요성이 여기에 있습니다. 진실로 중요한 것에 집중함으로써 우리는 소중한 인생의 낭비를 막고 의미 있게, 보람 있게 살 수 있습니다.

> ### 버림은 해방: 새로운 지혜공간의 창조

Once you're prepared, throw your preparation in the trash. The most interesting acting and the most interesting living in this world has the element of surprise and of genuine, honest discovery. Be open to that.

준비를 하고 나면, 당신이 준비한 것을 쓰레기통에 던져버리세요. 가장 재미있게 행동하고 가장 재미있게 사는 것은 이 세상에서 놀라움과 진정하고, 정직한 발견의 요소가 있습니다. 거기로 문을 열어놓으세요.

---

### 깨달은 분들의 가르침

If you experience something and then disown that experience, you provide a space between that knowledge and yourself, which permits it simply to take its course.　　　　　　　　－Chogyam Trungpa

만일 당신이 어떤 것을 경험하고 나서 그 경험에서 벗어나면, 그 경험에 대해 당신이 알고 있는 것과 당신 자신 사이에는 공간이 생기는데, 이 공간은 그 지식이 저절로 제 길을 가게(사라지게) 합니다.　　　　　　－최걈 뚱빠

● 집중명상자료

## 앎, 안다는 관념으로부터의 해방

A noble arahat, freed by 'disknowing,' is calm and unshaken by the impact of changing circumstances. His mind is at peace. His words are peaceful. His actions are peaceful. **(문맥)** at peace = peaceful

성스러운(聖人성인) 아라한은, '앎으로부터 벗어남'에 의해 해탈하여, 평온하고 변하는 환경의 영향에 의해 동요되지 않습니다. 그의 마음은 평화롭습니다. 그의 말은 평화롭습니다. 그의 행동은 평화롭습니다.

*

Not-knowing is true knowledge.
Presuming to know is a disease.
First realize that you are sick;
then you can move toward health.   －Lao Tzu

**(문맥)** Not-knowing (=Not presuming to know) ↔ Presuming to know

안다는 생각에서 벗어난 게 진실하게 아는 것이다.
안다고 생각하는 것은 병이다.
먼저 그대가 환자라는 것을 깨달아라.
그러면 그대는 건강으로 옮겨갈 수 있다.   －노자(老子)

◯ 집중명상자료

# 이원적인 앎은 질병

Sin, guilt, neurosis; they are one and the
same, the fruit of the tree of knowledge.　　–Henry Miller

죄, 죄의식, 노이로제; 이들은 하나이고 같습니다,
앎이라는 나무의 열매입니다.　　　　　　　　　–헨리 밀러

**(지혜)** 앎은 아는 자(주체)와 아는 대상(객체)을
나눕니다. 이것이 세속적인 지식의 한계입니다,
이원(二元)적이라는 말입니다. 이런 지식은 합일(合一),
완전한 통합에 장애가 됩니다. 매우 섬세한 마음의
눈으로 보면 모든 것은 허공 같다고 합니다. 이것이
모든 것이 하나이고 완전한 청정의 차원입니다. 여기에
이르기 전까지 우리들의 질병과 고통은 계속됩니다.

### 철학자와 시인의 차이

The philosopher proves that the philosopher
exists. The poet merely enjoys existence.　　-Wallace Stevens


철학자는 증명한다[이원적], 자기가 존재한다는 것을.
시인은 단지 존재를 즐길 뿐이다[합일적].　　　-월리스 스티븐스


철학자는 장미에 대해 생각합니다.
시인은 장미에 대해 느낍니다.
그리고 만일 당신이 결정해야 한다면,
시인을 지지하는 결정을 하십시오.
그는 철학자보다 현실에 더 가까이 닿습니다.
그리고 신비한 합일수행자(mystic)는
생각하지도 느끼지도 않고,
장미가 있는 곳에 머물(존재) 뿐입니다.

-오쇼(Osho)

◯ 집중명상자료

## 지식의 큰 그림: 네 가지 수준의 지식

1 현상적 지식: 존재(有유)와 비존재(無무)라는 개념에 묶여있고 무생(無生)이라는 개념을 두려워하는 무지하고 어리석은 사람들의 지식 [범부(凡夫)의 피상적인 지식].

2 상대적 지식: 분별적인 논리와 상상으로 배열하고 결합하며 분석하는 지식 [철학자들의 이원적인 지식].

3 완전한 지식: 일체가 마음의 현현(顯現)에 불과하다는 것을 깨달은 보살님들의 지식. 이들은 공성(空性)과 무생(無生), 무아(無我)를 이해하며 존재와 비존재, 무생과 무멸(無滅) 등의 분별을 완전히 여의고 무아와 무상(無相)을 체득하신 분들입니다 [성인(聖人)들의 합일적인 지식].

4 초월적 지식: 윤회의 세계에서 완전히 벗어난 보살님들과 부처님들의 지식 [가장 높은 성인(聖人)들의 지식].

공성 = 무아 = 무생(無生) = 무멸(無滅) = 무상(無相)

여기서 우리가 알아야 할 두 가지 중요한 사실은 -
첫째, 인문학 같은 세속적인 지식만으로는 완전한 깨달음에 도달할 수 없다는 것과,
둘째, 그러므로 깨달음 전통의 지식, 완전한 지식과 초월적인 지식만이 우리들을 완전한 깨달음과 최상의 행복으로 인도해 줄 수 있다는 것, 그리고
셋째, 아는 것만으로는 충분하지 않으므로 반드시 아는 것이 자신의 것이 되도록 체험 또는 체득해야 한다는 것입니다.

### ★ 깨달은 분들의 가르침: 경험으로부터 해방 - 주인노릇

If sad, I sing a song of spiritual experience.
If sick, I balance the elements.
I slash experiences of happiness or sorrow
   on the spot,
And go about my everyday life as I please.

-Milarepa

슬프면, 난 수행 경험 노래하네.
병들면, 난 내 몸 요소들 균형 맞추네.
난 기쁨이나 슬픔 경험 쳐버리고 그 자리에서
내 일상생활 내 맘대(자유자재로)로 해나가네.

-밀라레빠

**(지혜)** 우리가 매순간 경험하는 것을 즉석에서 벗어날 수 있으면 우리는 언제나 싱싱하고 맑은 의식 속에서 살아있는 기쁨을 맘껏 누릴 수 있습니다.

정신적인 고통은 모두 과거의 경험에 집착하는 데서 오는 것입니다. 이제 지나간 모든 것 놓아버리고 한없는 자유의 안락 속으로 들어와 보세요. 여기가 우리들의 본래의 마음의 고향, 낙원입니다.

> **집중명상자료**

## 내려놓는 지혜는 해방의 지혜: 괴로운 분들, 잠 못 이루는 분들을 위한 깨달은 분의 조언 - 주인노릇

*Short Version*

Don't recall. Don't imagine. Don't think.
Don't examine. Don't control. Rest.   —Tilopa

*Long Version*

Let go of what has passed.
Let go of what may come.
Let go of what is happening now.
Don't try to figure anything out.
Don't try to make anything happen.
Relax, right now, and rest.   —Tilopa

회상하지 마라. → 과거에 대한 생각의 속박으로부터 해방
= 지나간 일을 생각하지 마라(놓아주라). 고통은 기억임!
상상하지 마라. → 미래에 대한 생각의 속박으로부터 해방
= 앞으로 일어날 일을 생각하지 마라(놓아주라).
생각하지 마라. → 현재에 대한 생각의 속박으로부터 해방
= 현재 일어나고 있는 일을 생각하지 마라.
조사하지 마라. → 알아내려는 욕망의 속박으로부터 해방
= (모르는 것을 구태여) 알아내려고 애쓰지 마라.
조종하지 마라. → 뜻대로 하려는 욕망의 속박으로부터 해방
= 자기 뜻대로 하려고 애쓰지 마라.
쉬어라. → 조작하려는 마음의 속박으로 부터 해방
= (모든 것을 놓아주고) 마음의 자연 상태에 머물러라.

## 고통은 마음이 만든다!

Looking inside, one's own body and mind do not
    exist to be harmed;
Looking out, harmful agents are like a rope seen
    as a snake.
Therefore may we understand suffering as a
    creation of our mind
Which sees as true that which is merely
    misconception.

-The Seventh Dalai Lama

안으로는, 자기 자신의 몸과 마음이 존재하지 않으니
    해를 입지 않고,
밖으로는, 가해자는 밧줄을 뱀으로 착각하는 것 같네.
그러니 우리가 고통을 마음이 만든 거로 이해하게 하소서,
왜냐하면 마음은 잘못 파악한 걸 실재하는 걸로 보니까.

-제7대 달라이 라마

**(지혜)** 사람은 한편으론 자기 마음의 지배자이나 다른 편으로는 자기 마음의 지배를 받습니다. 바로 여기에 주인역할의 중요성이 있습니다.

## 경험의 속박 / 무경험의 자유

She had little experience with finance.
She was learning while doing. But Carly is so
bright. She was always urging us to think in
new ways about positioning the company to
investors.

그에게는 재정에 대한 경험이 거의 없었습니다.
그는 배우면서 일했습니다. 그러나 그(칼리)는 너무도
영리했습니다. 그는 노상 우리들에게 역설하여 새로운
방법으로 생각하게 했습니다, 회사를 투자가들에게
내세우는(보여주는) 새로운 방법에 관해서 말예요.


Not only is inexperience not an obstacle,
it can be a real advantage. Not knowing what
you're doing means you're unlikely to see and
do things the way others have. As a result,
those who don't know, innovate.

무경험은 장애가 아닐 뿐만 아니라, 그것은 실제로
이점이 될 수 있습니다. 무엇을 자기가 하고 있는지
모르는 것이 의미하는 것은 남들이 해온 것과 같은
방식으로 보고 일을 처리할 가능성이 없다는 것
입니다. 그 결과, 모르는 사람들은 혁신하는 것입니다.

## ★ 건강비결: 양변(두 극단)에 대한 집착으로부터 해방

난 희망도 두려움도 없어
난 언제나 행복하네.
　　　　　　　　　　　　　　　　-밀라레빠

질병을 고치지 못하게 만드는 원인은
희망과 두려움이다. 희망은 자연치유를
방해하고, 두려움은 질병을 일으킨다.

질병 자체를 수행의 방편(수단)으로 알고,
질병에 대한 두려움과, 질병이 끝나리라는
희망과 관련된, 집착을 놓아주면,
질병을 일으킨 원인이 스스로 사라진다.
　　　　　　　　　　　　　　　-감뽀빠(Gampopa)

**(지혜)** 희망이 긍정적인 결과에 대한
집착이라면, 두려움은 부정적인 결과에 대한
집착이라고 볼 수 있습니다.

이 두 극단에 대한 집착에서 벗어나야 중도의
평온과 행복을 누릴 수 있습니다.

## 양면의 지혜
## 성공자의 무거운 마음과 초보자의 가벼운 마음

I didn't see it then, but it turned out that getting fired from Apple was the best thing that could have ever happened to me. The heaviness of being successful was replaced by the lightness of being a beginner again, less sure about everything. It freed me to enter one of the most creative periods of my life.　　　　　　－Steve Jobs

저는 그때는 그것을 못 보았습니다. 그러나 Apple로부터 해고당한 것은 그때까지 제게 일어날 수 있었던 가장 좋은 일이었습니다. 성공의 무거움이 다시 초보자의 가벼움으로 바뀌고, 모든 것에 대한 확신이 줄었습니다. 그것이 저에게 자유를 주어 저는 제 인생의 가장 창의적인 기간 중의 하나에 들어갔습니다.


Nothing is so strong as gentleness, nothing so gentle as real strength. - Johann Wolfgang von Goethe

**(문맥)** strong ↔ gentle (=soft)

아무것도 부드러운 것만큼 강한 것이 없고, 아무것도 진정으로 강한 것만큼 부드러운 것이 없습니다.　　　　　－괴테

## 양면의 지혜

If you're not stubborn, you'll give up on experiments too soon. And if you're not flexible, you'll pound your head against the wall and you won't see a different solution to a problem you're trying to solve.  —Jeff Bezos

만일 당신이 완고하지 않으면, 당신은 실험에 대해 너무 일찍 포기할 것입니다. 그리고 만일 당신이 융통성이 없으면, 당신의 머리로 벽을 칠 테고 지금 해결하려는 문제에 대한 다른 해결책을 보지 못할 겁니다.  —제프 베조스

There is some good in the worst of us and some evil in the best of us. When we discover this, we are less prone to hate our enemies.  —Martin Luther King, Jr

우리들 중에서 가장 나쁜 사람에게도 어떤 좋은 점이 있고 우리들 중에서 가장 좋은 사람에게도 어떤 나쁜 점이 있습니다. 우리가 이것을 이해하면, 우리는 우리들의 적을 덜 미워할 것입니다.  —마틴 루터 킹, 2세

### ⭐ 깨달은 분들의 충고: 무엇보다도 먼저, 소인들의 경쟁에서 탈출하라!

The problem with winning the rat race is
you're still a rat.
　　　　　　　　　　　　　　　　　　-Lily Tomlin

소인의 경쟁에서 이겨봤자 자기가 여전히 소인
이라는 것이 문제입니다.
　　　　　　　　　　　　　　　　　　-릴리 탐린


When I let go of what I am,
I become what I might be.　　　　　-Lao Tzu

내가 지금의 나의 존재를 놓아주면,
나는 내가 될 수 있는 존재가 된다.
　　　　　　　　　　　　　　　　-노자(老子)


소인들의 경쟁에서 이겨봤자
얻을 수 있는 것은
불완전한 소인의 행복일 뿐입니다.

그러니 거기에서 빠져나와 대인의 세계
(깨달음의 세계)에 들어오는 것이
완전한 행복을 성취할 수 있는 가장 확실하고
빠른 길입니다.

## ★ 붓다의 가르침: 더 큰 행복으로 가는 길

Seeing the vast delight to be gained by
giving up but a little joy, the wise
would give up that joy, and aim for the
greater delight.　　　　　　　　　-Buddha

> 작은 기쁨을 포기하여 막대한 기쁨을 얻을 수
> 있다는 것을 인식하여, 지혜로운 사람들은
> 그 작은 기쁨을 포기하고 더 큰 기쁨을
> 목표로 삼는다네.　　　　-붓다 (delight = joy)

"penny-wise and pound-foolish"
"콩 나물 값은 아까워하면서 큰돈은 펑펑 쓰는"
사람들이 있습니다. 작은 것을 버리고 큰 것을
추구하는 대인은 소인들은 상상조차 할 수 없는 큰
기쁨을 얻을 수 있습니다.

깨닫지 못한 사람, 범부(凡夫)가 누릴 수 있는 행복은
너무도 작고 불완전하며 일시적입니다. 반면에 깨달은
분들은 한없이 크고 완전하며 영원한 안락을 누립니다.

위의 부처님 말씀은 세속의 작은 행복 버리고 방대한
해탈의 행복 찾으라는 충고입니다.

## ★ 성공요소: 현재에 만족하지 않는 것

I'm never fully satisfied with any Microsoft product.
　　　　　　　　　　　　　　　　　　　　　-Bill Gates

전 완전히 만족해본 적이 없습니다, 저희 회사 제품에 대해서.
　　　　　　　　　　　　　　　　　　　　-빌 게이츠

완전히 만족하는 순간 발전을 위한 노력은 끝납니다.

Complacency is a blight that saps energy, dulls attitudes and causes a drain on the brain. The first symptom is satisfaction with things as they are. The second is rejection of things as they might be.

자기만족은 마름병입니다, 이것은 기력을 빼앗고, 태도를 분명치 않게 만들며, 뇌를 소모시킵니다. 첫 번째 증상은 있는 그대로의 사태(현재 상태)에 만족하는 것입니다. 둘째 증상은 가능할 수 있는 사태를 거부하는 것입니다.

## 높은 가르침: 세상에서 가장 빠른 성취수단

Success or failure depends more upon attitude than upon capacity. Successful men act as though they have accomplished or are enjoying something. Soon it becomes a reality. **(문맥)** becomes a reality = is accomplished

Act, look, feel successful, conduct yourself accordingly, and you will be amazed at the positive results.　　　　　　　　　　-William James

성공이나 실패를 좌우하는 것은 태도이다, 능력이라기보다. 성공하는 사람들은 행동한다, 마치 어떤 걸 성취했거나 누리고 있는 것처럼. 곧 그것은 현실이 된다(실현된다).

행동하고, 보이고, 느껴라, 성공한 것처럼. 처신도 그렇게 하라, 그러면 그대는 놀라게 될 것이다, 긍정적인 결과에 대해.　　　　　　　　　　-윌리엄 제임스

> 집중명상자료

## 상상력은 인간의 최대의 자원 -
## 뇌는 상상을 현실로 바꾼다!

Start walking into job interviews like you already have the job.

취업 면접에 걸어 들어가기 시작하라, 이미 그 일자리를 가진 것처럼.

이것은 가장 높은 곳, 모든 것을 이미 성취한 입장에서 출발하는 거나 마찬가지이므로 가장 유리한 방식이다. 사실, 이것은 가장 높은 깨달음의 가르침이다.

To bring anything into your life, imagine that it's already there.  -Richard Bach

어떤 것을 당신의 삶에 가져오려면, 상상하라, 그게 이미 거기(당신의 삶)에 있다고.  -리처드 바크

Visualizing or imagining yourself recovered has physical effects, including lowering your heart rate and speeding healing.

당신 자신이 회복했다고 관상하거나 상상하면 신체에 영향을 미치는데, 여기에 포함되는 것은 맥박이 낮아지고 치유가 빨라지는 것이다.

Everything you can imagine is real.

-Pablo Picasso

당신이 상상할 수 있는 것은 모두 현실이 됩니다.

-파블로 피카소

> **(지혜)** 우리들이 거주하는 세계를 만드는 것은 바로 우리들의 마음이기 때문입니다. 일체유심조(一切唯心造)

You must expect great things of yourself before you can do them.

-Michael Jordan

당신은 당신 자신에게서 위대한 것을 기대해야 합니다, 그런 뒤에야 당신은 그런 것들을 할 수 있습니다.

-마이클 조던

Expectations are a form of first-class truth: If people believe it, it's true.

-Bill Gates

기대는 일종의 일급 진실입니다. 왜냐하면 사람들이 그것을 믿으면(기대하면), 그건 진실이니까요.

-빌 게이츠

## ★ 깨달은 분들의 가르침: 인생의 세 가지 중대사 - 주인노릇

1 다음 생에 나쁜 곳(惡道악도)에 떨어지지 않게
  하는 것

2 윤회의 세계에서 벗어나는 것(解脫해탈)

3 완전한 깨달음의 행복을 성취하는 것(成佛성불)


일반인들은 해탈과 성불은 쉽지 않겠지만 다음
생에 삼악도(지옥계, 아귀계, 축생계)는 피하고 삼선도
(천상계, 수라계, 인간계)에 다시 태어날 수 있도록
최선을 다해야 합니다. 간단히 말해서, 이것은 지은
악업은 깨끗이 씻어버리고 선업(善業)은 부지런히 지어
나가는 것입니다. 누구든지 이런 노력을 하지 않는 사람은
세속적으로 아무리 성공했더라도 그는 인생을 잘못 산
것입니다.

## ★ 자기 성장: 시간적인 안목 확장 - 삶의 여정

무수한 전생 → 금생 → 내생(성불할 때까지 계속됨)

### 깨닫기 전

삶과 죽음은 우리가 완전한 깨달음을 얻을 때까지 계속해서 반복되므로 삶도 일시적이고 죽음도 일시적입니다. 그러므로 깨닫지 못해 윤회하는 중생들에게는 영원한 삶도 영원한 죽음도 존재하지 않습니다.

### 깨달은 후

궁극적인 진실(空性공성)을 깨달아 성인(聖人)이 되신 분들은 윤회세계의 삶과 죽음으로부터 해방됩니다. 그러므로 이분들에게도 영원한 삶도 영원한 죽음도 없습니다.

(지혜) 공성은, 간단히 말해, 우리들 눈에 보이는 모든 것이 독립적으로 존재하는 것 같지만, 다른 것들에 의존해서 일시적으로 존재할 뿐, 독립적으로 영원히 존재하지는 않는다는 것입니다. 다시 말해, 공(空)하다는 말은 '독립적인 존재가 비어있다(없다)'는 뜻입니다. 독립적으로 존재하지 않기 때문에 모든 것은 생성되거나 소멸될 수 있습니다. 이런 점에서 볼 때 공성은 존재의 기반입니다. 공성이 없는 세계가 있다면 그것은 모든 것이 정지되어 있는 세계일 것입니다. 그러나 우리가 아는 한, 우주에는 이런 곳이 없습니다.

> 집중명상자료

## 깨달은 분들의 가르침: 두 가지 존재 이야기

1 상호의존적인 존재(interdependent existence) =
  무아[긍정의 대상] → 합일(자비)로 가는 길

모든 것은 원인(因인)과 조건(緣연)에 의지해 일어나
(연기緣起) 머물다 사라집니다. 연기는 모든 존재가
하나로 연결되어있다는 것을 보여줍니다. 그러니까
모든 존재는 하나의 덩어리나 마찬가지이고 모든
중생은 하나의 가족입니다. 연기를 통해 우리는 우주
전체와 합일로 가는 큰 지혜와 사랑을 배울 수
있습니다. [연기 ← 인연생기(因緣生起)]

2 독립적인 자기-존재(independent self-existence) =
  고유한 존재(inherent existence) = 자성(自性) =
  자아[부정의 대상] → 해탈(지혜)로 가는 길

그대가 고유한(독립적인) 존재와 고유한 존재의 부재
(空性공성)을 존재(有유)와 비존재(無무)와 구별하면,
그대는 무수한 그릇된 견해를 극복할 것이다. －쫑카빠(Tsongkhapa)

고유한 존재 ≠ 존재(有유). 고유한 존재의 부재(공성)
≠ 비존재(無무)
*

**(명심)** 모든 그릇된 견해 = 모든 고통의 원인

○ 집중명상자료

## 모든 현상은 변하는 과정의 표현

"새로운 사고의 틀(방식)에 따라 우리들은 생각합니다.
과정이 주가 되고, 우리들의 눈에 보이는 모든 구조[色색]는
그 밑에 놓여있는 과정(空性공성)의 표현이라고."

현대과학은 모든 것이 무상하고 공하다는 것을 보여줍니다.

과정 = 연기(緣起) = 변화 =
무상(無常) = 공성(空性) → 개인적인 해탈로 가는 길

원인(因인)과 조건(緣연)에 따라서 일어났다(연기)가
사라지는 것은 독립적으로 존재하지 않으므로 공(空)
하다고 합니다. 세상에는 연기하지 않는 것은 아무것도
없으므로 모든 것은 공할 수밖에 없습니다. 공하지
않으려면 독립적으로 영원히 존재해야 하는데,
세상에는 이런 것이 아무것도 없습니다.

<u>연기 = 상호의존 → 전체적인 합일로 가는 길</u>

여기서 우리는 무한한 자유(해탈)와 전체와의 하나(합일)가 주는 커다란 행복으로 가는 너무도 소중한 길을 발견할 수 있습니다.

*

신기하게도 모든 것으로부터 벗어나는 것(해방)이 모든 것과 하나가 되는(합일) 길입니다! 이것이 궁극적인 진실(空性공성)에 대한 깨달음의 축복입니다!

◉ 집중명상자료

## 자타합일: 너무도 민감한 인간의 상호의존관계- 주인노릇

So sensitive an ecology is the interdependence of all, that the slightest attention and assistance to others creates moral elevation for ourselves and humanity, while the slightest indifference or neglect toward others creates moral harm for ourselves and our civilization.
　　　　　　　　　　　　　　　　　　　-Tsongkhapa

(문맥) attention and assistance ≠ indifference or neglect. elevation (=benefit) ≠ harm. humanity = our civilization

모든 중생들의 상호의존성은 너무도 민감한 관계여서,
조금이라도 남들에게 관심과 도움을 주면
우리들 자신과 인류에게 정신적으로 유익하고,
반면에 조금이라도 남들에게 무관심하거나 소홀히 대하면
우리들 자신과 사회에 정신적으로 해가 됩니다.
　　　　　　　　　　　　　　　　　　　-쫑카빠

(지혜) 남들을 돕는 것이 자기 자신을 돕는 것이고
남들을 해치는 것은 자기 자신을 해치는 것 -
모두가 이것 하나만 명심해도 세상은 낙원이 될 겁니다.

## 윤회의 세계는 실체가 없으니(초공하니) - 주인노릇

나의 아버지가 여기 계실 때에, 아들은 없었네.
아들이 여기 오니, 아버지는 떠나고 흔적이 없네.
아들과 아버지가 만난다 해도, 실체는 없네.

나의 어머니가 여기 있을 때, 아들은 없었네.
아들이 여기 오니, 어머니는 시체이네.
아들과 어머니가 만난다 해도, 실체는 없네.

나의 누이동생이 여기 있을 때, 오빠는 없었네.
오빠가 여기 오니, 누이동생은 방랑하고 있네.
오빠와 누이동생이 만난다 해도, 실체는 없네.

집이 여기 있을 때, 주인은 없었네.
주인이 여기 오니, 집은 부서져버렸네.
집과 주인이 만난다 해도, 실체는 없네.

윤회의 세계는 실체가 없으니 사회로부터
물러나 난 나의 전 생애를 부처님 가르침
공부와 수행에 바치리라.
― 밀라레빠

이 노래는 YouTube (Milarepa → Milarepa singing을 통해 들을 수 있습니다.

## 무상(無常)에 대한 사유(수행)로부터 얻는 삶의 지혜 - 주인노릇

지금 이 순간의 "나"는 바로 전 순간의 "나"에 의존해서 일어난 존재입니다. 바로 전 순간의 "나"가 없었다면 지금 이 순간의 "나"는 존재할 수 없습니다.

이 과정을 잘 살펴보면 우리는 한 가지 매우 중요한 사실을 발견할 수 있습니다. 오늘의 나는 분명히 어제의 나의 연속이지만, 오늘의 나는 어제의 나와 분명히 다르다는 것입니다. 어제의 나가 사라지고 새로운 나가 일어나지 않았다면 오늘의 나는 있을 수 없기 때문입니다. 이해가 잘 안 되는 분들은 지금의 나(30대라고 가정하죠)를 10살 때의 나와 비교해보십시오. 만일 그때의 나가 사라지지 않고 그대로 계속되었다면 오늘의 나는 있을 수 없습니다. 존재하는 것은 모두 매순간 사라졌다가 다시 일어나는 과정을 거친다는 얘깁니다. 찰나생찰나멸(刹那生刹那滅)이란 말이 이것을 가리킵니다. 이렇게 보면 우리는 끊임없는 생성(生成)과 소멸(消滅), 삶과 죽음의 과정 속에 있습니다. 우리는 끊임없이 매순간 죽었다가 다시 태어나는 셈입니다.

여기서 우리는 매우 중요한 삶의 지혜를 배울 수 있습니다. 예를 들어, 어제 어떤 친구로부터 몹시 심한 말을 들었다고 가정해보죠. 그래서 지금까지도 그를 용서할 마음이 나지 않습니다. 이럴 경우에 찰나생찰나멸 원리를 적용해보면 쉽게 마음이 바뀔 수 있습니다. 오늘의 나는 어제의 나가 아니고, 그 친구도 이제 어제의 그 친구가 아니기 때문입니다. 용서할 사람과 용서 받을 사람이 이미 과거 속으로 사라져버렸으니 없었던 일로 쳐버리면 됩니다.

## 소중한 목적을 갖는 것과 시간을 낭비하지 않는 것 -
## 너무도 소중한 인생의 목적 - 주인노릇

완전한 깨달음을 얻기 전에는 아무도 윤회세계의 고통에서 벗어날 수 없습니다. 그러므로 우리들이 살아가는 목적은 깨달음을 성취하여 모든 고통에서 벗어나는 것입니다. 이런 관점에서 볼 때 자각하든 못하든, 모든 중생들은 깨달음을 향해 나아가는 수행자들입니다. 더 나아가서, 우리들 자신이 완전한 깨달음의 행복을 성취할 뿐만 아니라 다른 모든 중생들까지 거기로 인도하는 것이 우리들의 삶의 가장 위대한 목적입니다. 우리들은 모두 참으로 위대한 존재, 이미 성인(聖人)이거나 앞으로 성인이 될 분들입니다. 이런 사실을 명심하고 모든 중생들을 성인으로 여기는 분들은 항상 성인의 사랑과 기쁨으로 충만합니다.

필자는 20년 전 쯤에 지금 공부하고 있는 높은 가르침을 만났습니다. 덕분에 사람들이 많은 시간을 보내는 TV나 게임, 각종 스포츠나 문화 활동을 저는 등지고 삽니다. 그래서 저는 대부분의 시간을 제 공부나 집필에 사용할 수 있습니다. 그러나 어떤 수행자는 동굴에서 수행을 했는데, 동굴 입구에 자란 풀 깎는 시간도 아까워 풀을 그대로 두고 부지런히 수행한 덕에 죽기 전에 깨달음을 성취했다고 하는데, 이런 분에 비해 저는 아직도 많이 시간을 낭비합니다. 이젠 반성할 시간도 많이 남아있지 않은 것 같으니 더욱더 철저히 반성해야 할 것 같군요.

## 마음의 흐름이란 무엇인가? - 주인노릇

**Mindstream**: Succession of discrete moments of consciousness proceeding endlessly from lifetime to lifetime.

**마음의 흐름**: 잇따른 불연속적인 순간들의 의식으로서 한 생으로부터 다음 생으로 끝없이 나아가는 것.

여기서 우리는 두 가지 중요한 정보를 얻을 수 있습니다. 첫째, 의식의 순간들은 연속적이 아니고 불연속적입니다. 이것은 들숨과 날숨 때문인 것 같습니다. 들이 마시는 숨이 생(生)이라면 내뱉는 숨은 멸(滅)이라고 볼 수 있는데, 이 때문에 우리들의 의식은 불연속적일 수밖에 없나봅니다.

둘째, 마음(가장 섬세한 마음)은 한 생으로부터 다음 생으로 끝없이 계속됩니다. 그런데 한 생의 마지막 순간의 의식의 흐름이 다음 생의 첫 의식의 흐름이 되므로 죽을 때 좋은 마음, 궁극적인 진실, 공성의 지혜를 생각하고 이것을 깨닫지 못해 윤회의 고통에 시달리는 중생들에 대한 자비를 품고 떠나는 것이 가장 잘 죽는 방법입니다.

수행은 금생의 행복뿐만 아니라 내생의 행복을 위해서도 가장 중요한 것입니다.

◉ 집중명상자료

## 깨달은 분들의 가르침: 몸과 마음의 세 가지 수준

- 거친 몸: 살과 뼈로 구성된 업보(業報)의 몸[죽음의 과정에서 소멸]

- 섬세한 몸: 에너지 채널, 생명의 바람, 하얀 보리심(남자의 정액, 白精백정)과 붉은 보리심(여자의 정혈, 赤精적정)[죽음의 과정에서 소멸]

- 매우 섬세한 몸: 이것은 가장 섬세한 마음의 운반체인 생명의 바람으로서 마음과 하나로 결합되어있음(몸=맘)[죽음의 과정에서 소멸하지 않음]

- 거친 마음: 다섯 가지 감각(시각, 청각, 후각, 미각, 촉각)의 마음[죽음의 과정에서 소멸]

- 섬세한 마음: 분별적인 마음과 번뇌[죽음의 과정에서 소멸]

- 매우 섬세한(심오한) 마음: 존재의 공성을 깨닫는 "맑은 빛 (지혜) 마음"(정광명淨光明). 이것은 심장의 불괴명점(不壞明占) 이란 저장고에 있는 매우 섬세한 바람(몸)과 하나로 결합되어 있는데(맘=몸) 죽을 때는 누구나 이 매우 섬세한 마음을 경험 한다고 합니다. [죽음의 과정에서 소멸하지 않음]. 이것이 진짜 우리들의 모습(본래면목, 불성佛性)이며 가장 귀한 보물입니다! 수행을 통해 우리가 완전한 깨달음을 얻으면 이 마음이 모든 것을 아는 붓다의 일체지(一切智)의 마음이 된답니다.

○ 집중명상자료

## 존재론적인 시야확대: 존재의 세 가지 수준

• 거친 차원 (외양/겉모습): 물질(色색)로 구성되어있음.
 [상대적/세속적 진실, 끊임없이 변하는/일시적 세계]

• 섬세한 차원: 거친 차원과 매우 섬세한 차원의 중간.

• 매우 섬세한 차원(본성/실제의 모습, 실상): 모든 경계가 사라지고 모든 것이 좋은 품성과 가능성으로 존재함.
 [절대적/궁극적 진실, 변하지 않는/영원한 세계]

모든 것은 공(空)에서 나와 다시 공속으로 되돌아갑니다.

공(空) → 색(色) = 공의 현현(相상)
색(色) → 공(空) = 색의 본성(性성)

모든 것은 원인(因인)과 조건(緣연)에 따라 생성(生成=
緣起연기)하여 머물다가 소멸(消滅)할 뿐, 독립적으로 영원히
존재하는 것은 아무것도 없으므로 우리는 이렇게 말할 수
있습니다.

    색(色) = 공(空)

이 공식이 보여주듯이, 공(空)은 단순한 공이 아니라 색(色)과
다름없으므로 우리는 또 이렇게 말할 수 있습니다. (이들 둘은
별개가 아니라 하나의 덩어리입니다!)

    공(空) = 색(色)

● 집중명상자료

## 양면의 지혜: 거시적인 세계와 미시적인 세계

In relativity, movement is continuous, causally determinate and well defined, while in quantum mechanics it is discontinuous, not causally determinate and not well defined.

–David Bohm(1917-1992), American physicist

상대적인(거시적인, 거친) 세계에서는, 운동이 연속적이고, 인과가 정해져있고 잘 구분되어있습니다. 반면에 양자역학(미시적인, 섬세한 세계)에서는 그것(운동)이 불연속적이고, 인과가 정해져있지 않으며 잘 구분되어있지 않습니다.

–데이비드 봄(1917-1992), 미국의 물리학자

## 집중명상자료

## 혼돈과 질서의 공존 - 생명의 경이로움

At the level of individual atoms, life is anarchy - blundering, purposeless chaos. Yet somehow, collectively, these unthinking atoms get it together and perform the dance of life with exquisite precision.

**(문맥)** anarchy = chaos(=disorder) ↔ precision(=order)

개별적인 원자(미시적인) 수준에서, 생명은 무질서입니다 - 실수하고, 목적 없는 혼돈. 그러나 웬일인지, 전체적으로는 (거시적으로는), 이들 생각하지 않는 원자들이 자신(행동)을 가다듬어 생명의 춤을 절묘하게 정확하게(질서 있게) 춥니다.

> 집중명상자료

깨달은 분들의 심오한 가르침을 만나 실천하는 것은 최고의 행운 -
**우리가 어떻게 살아야 하는지 보여주는 세 가지 수준의 죽음 -**
**주인노릇**

첫째, 외적인 죽음. 이것은 사고나 질병으로 일찍 죽거나, 무의미하거나 헛되이 삶으로써 서서히 죽어가는, 성공하지 못한 삶에 의한 죽음을 가리킵니다. 이것에 대한 해결책은 언제나 깨어있는 삶을 통해 사고나 질병을 예방하여, 의미 있고 보람 있게, 성공적으로 살아가도록 최선을 다하는 것입니다.

둘째, 내적인 죽음. 이것은 번뇌(혹은 미혹) 때문에 자신의 본성에 충실하게 살아가지 못하는 것을 가리킵니다. 예를 들어, 탐욕(탐)에 갇혀있는 사람들은 탐욕에서 벗어난 사람들이 누리는 아름다움과 기쁨을 맛보지 못하니 이런 면에서 그들은 죽은 거나 다름없습니다. 또 화(진)를 잘 내는 분들은 참된 사랑의 축복을 경험하지 못합니다. 그리고 무지(치)한 사람들은 밝은 지혜를 성취한 분들이 누리는 한없는 자유와 희열을 모릅니다. 모든 고통의 근원인 미혹(무명)을 제거함으로써 우리는 이런 내적인 죽음 대신에 모든 경험에서 최상의 기쁨을 누릴 수 있습니다.

셋째, 은밀한 죽음. 이것은 자기 자신의 불성(佛性), 마음의 본래의 지혜와 몸의 본래의 큰 안락을 모르는 것을 가리킵니다. (이것은 가장 높은 금강승의 가르침입니다.)

이런 관점에서 보면 대부분의 사람들은 이미 죽은 거나 다름없습니다. 행운아들만이 만날 수 있는, 참으로 귀한 이 가르침 덕분에 우리는 무의미한 일에 소중한 인생을 더 이상 낭비하지 않을 수 있습니다.

## 깊이 있게 살기 - 주인노릇

"Just practicing the Dharma is not sufficient.
It must be done properly and profoundly."
**(문맥)** done = practiced

"다르마를 수행하는 것만으로는 충분하지 않습니다.
그것은 제대로(바르게) 그리고 깊게 해야 합니다."

바르게 그리고 깊게 - 뭐든 이렇게 해야 가장 큰
이익을 얻을 수 있습니다.

As you live deeper in the heart, the mirror
gets clearer and cleaner.
-Rumi

그대 더 깊이 가슴 속에서 삶에 따라, 그대의 거울
(의식)은 더 맑고 깨끗해지네.
-루미

> 가슴(심장)은 우리들의 생명의 중심일 뿐만 아니라,
> 우리들의 가장 섬세한 마음이 자리 잡고 있는 매우
> 중요한 곳입니다.

Joy lives concealed in grief.

기쁨은 삽니다, 슬픔 안에 숨어서.

"If you go deeper into your anger, the sense of joy is there."

"만일 당신이 당신의 분노 속으로 더 깊이 들어가 보면, 기쁨 감이 거기에 있습니다."

> 깊이 들어가 보면 모든 감정은 지혜의 표현입니다. 그리고 지혜의 성품은 안락입니다. 불교에서는 다섯 가지 독(五毒 오독)은 본성이 부처님들의 다섯 가지 성스러운 지혜(五聖智 오성지)라고 합니다.

앞으로는 화가 나면 거기에 휘말려 들어가지 말고 뒤로 한 걸음 물러나서 잠시 지켜보십시오. 이렇게만 해도 화는 사라져버립니다. 지혜가 작용하기 때문입니다. 그리고 그 엄청난 에너지를 어떻게 이용할지 생각해보십시오. 이때부턴 그동안 부정적인 것으로만 취급했던 격한 감정들을 긍정적으로 바라보게 되어 생각지도 않았던 기쁨을 얻게 될 수 있습니다. 우리가 경험하는 모든 것이 알고 보면 다 우리들을 도와주기 위한 것임을 깨닫게 될 테니까요.

> 집중명상자료

## 에너지 자원의 이용

섬세한 에너지는 거친 에너지보다 더 강하다
(전자가 본성에 더 가깝기 때문)

Actions of mind are much more powerful than actions of body and speech.

마음의 행동은 몸과 말의 행동보다 훨씬 더 강합니다.

Silence is more eloquent than words.　　　-Thomas Carlyle

침묵은 말보다 더 웅변적입니다.　　　-칼라일

Saying nothing... sometimes says the most.　-Emily Dickinson

아무것도 말하지 않는 것이 ... 때로는 가장 많이
말해줍니다.　　　-에밀리 디킨슨

A leader should incentivize, but not with money. You give trust, respect, appreciation, and correct, heartfelt advice.　　　-Jack Ma

지도자는 인센티브를 주어야 하는데, 돈을 주는 것이 아닙니다. 신뢰와 존중, 고마워함과 바르고, 진심에서 나온 조언을 주는 것입니다.　　　-잭 마

"In boyhood, Louis Zamperini was an incorrigible delinquent. As a teenager, he channeled his defiance into running, discovering a prodigious talent that had carried him to the Berlin Olympics."

"어렸을 적에 루이스 잼페리니는 불치의 비행소년이었습니다. 10대 때, 그는 그의 반항심을 이용해 달려서, 엄청난 재능을 발견하여 베를린 올림픽에 출전하게 되었습니다."

만일 우리가 부정적으로 보이는 모든 에너지를 긍정적인 목적에 이용한다면 세상은 지금보다 몇 배 더 평온하고 살기 좋을 것입니다. 여기에 앞장서야 할 곳은 학교와 종교단체, 교도소 등일 것입니다.

> With inner strength or mental stability, we can endure all kinds of adversity.
>
> 내면의 힘 또는 마음의 안정으로, 우리는 온갖 종류의 역경을 견뎌낼 수 있습니다.

Love is the greatest refreshment in life.　　-Pablo Picasso
사랑은 인생에서 최대의 원기 회복제입니다.　　-파블로 피카소

Love is always fresh. - Rumi. 사랑은 언제나 싱싱하네.　　-루미

● 집중명상자료

## 자기 자신의 사랑의 중요성 - 주인노릇

자기 자신을 사랑하는 것이 얼마나 중요한지
아는 순간, 우리는 남들을 고통 받게 만드는 것을
그만둔다.                                              -붓다

내 생을 사랑하지 않고는
다른 생을 사랑할 수 없음을 늦게 알았습니다.
그대보다 먼저 바닥에 닿아
강보에 아기를 받듯 온 몸으로 나를 받겠습니다.

                                          -김선우, '낙화, 첫사랑'

이 눈물겹게 아름다운 사랑의 울림이 많은 이들의
메마른 가슴을 부드럽게 촉촉하게 녹여주길 빕니다.

Nothing is a greater impediment to being
on good terms with others than being ill at ease
with yourself. - Honore de Balzac

**(문맥)** on good terms (=well at ease) ↔ ill at ease
    (=on bad terms with)

남들과 좋은 관계를 유지하는 데 가장 큰 장애는
자기 자신과 불편한(안 좋은) 관계에 있는 것입니다.

                                          -오노레 드 발자크

## 우리가 우리들 자신부터 구제해야 하는 까닭 - 주인노릇

When you run into someone who is disagreeable to others, you may be sure he is uncomfortable with himself; the amount of pain we inflict upon others is directly proportional to the amount we feel within us. - Sydney J. Harris

남들에게 기분 나쁘게 대하는 사람을 만나면, 우리는 확신할 수 있을 것입니다. 그 사람은 자기 자신에 대해 기분이 안 좋다는 것을. 우리가 남들에게 가하는 고통은 우리가 우리들 안에서 느끼는 고통과 정비례합니다.

－시드니 J. 해리스

No one is to be called an enemy, all are your benefactors, and no one does you harm. You have no enemy except yourselves.   －Francis of Assisi

아무도 적이라 부르지 말아야 합니다. 모두가 당신에게 이익을 주는 분들이고, 아무도 당신에게 해를 주지 않습니다. 당신에게는 적이 없습니다, 당신 외에 말예요.   －아시시의 프란치스코

모든 게 사랑, 모두가 성인(聖人), 모든 곳이 낙원이요!

○ 집중명상자료

## 사랑하는 사람이 되지 말고, 사랑 자체가 되라

대상이 없는 사랑보다 더 큰 사랑은 없습니다.
왜냐하면 그러면 그대가, 그대 자신이, 사랑
자체가 되니까요.　　　　　　　　　　－루미 (Rumi)

\*

대상이 없는 사랑 = 대상을 초월한 사랑 =
무조건적인, 보편적인 사랑 = 대자(大慈)

사랑 자체가 되는 사람에겐 사랑의 기쁨만
있을 뿐 이별의 아픔 같은 건 없습니다.

It is no use walking anywhere to preach
unless our walking is our preaching.

-Francis of Assisi

어딜 가서 설교해야 소용없습니다, 우리가 걸어
가는 것 자체가 설교가 아니면.　　　-아시시의 프란치스코

*

당신의 몸과 말, 마음, 당신의 모든 것이 사랑일 때,
비로소 당신은 온전한 사람이 되고,
당신의 세계는 진정한 낙원이 됩니다.

● 집중명상자료

## 싸우지 말고 이용하라 - 주인노릇

Don't fight forces, use them.　　　　　　-R. Buckminster Fuller

힘과 싸우지 말고, 그것을 이용하세요.　　　-R. 벅민스터 풀러

Surrender is the simple but profound wisdom of
yielding to rather than opposing the flow of life.
　　　　　　　　　　　　- Eckhart Tolle (surrender = yield)

맡기는 것은 단순하지만 매우 심오한 지혜로, 삶(세상)의
흐름에 굴복하고(맡기고) 저항하지 않는 것입니다.
　　　　　　　　　　　　　　　　- 에카르트 톨레

**어떤 것과도 싸우지 말아야 하는 까닭: 모두가 하나임**

Everything exists in mutual dependence.
모든 것은 존재합니다, 서로 의존해서.

**(지혜)** 모든 것이 하나로 연결되어있으므로, 그 중에서
　　　하나를 적으로 만들면, 모두가 당신의 적이 됩니다.
　　　마찬가지로, 하나를 진실로 사랑하면 모두가 당신의
　　　사랑, 당신의 친구가 됩니다.

## 협동은 공생, 대결은 공멸

Cooperation means win-win; confrontation means lose-lose.

협동은 양쪽이 이득을 보는 것을 의미하고, 대결은 양쪽이 손해를 보는 것을 의미합니다.

I am in you and you in me, mutual in divine love.
-William Blake

나는 그대 안에 있고 그댄 내 안에, 서로 신의 사랑 안에 있네.
-윌리엄 블레이크

Can I see another's woe, and not be in sorrow too?
Can I see another's grief, and not seek for kind relief?
-William Blake (woe = sorrow)

내가 남의 슬픔 볼 수 있으니, 나 역시 슬프지 않겠는가?
내가 남의 고통 볼 수 있으니, 친절하게 덜어주려고 할 수 있지 않겠는가?
-윌리엄 블레이크

## 깨달은 분들의 가르침 - 주인노릇

If you know how to use whatever appears as beneficial, that is the best of conduct!

-Padampa Sangye

그대가 뭐든 나타나는 것을 유익하게 이용할 줄 아는 것, 이것이 최선의 행위(道行도행)다.

*

All events contain an advantage for you - if you look for it.

-Epictetus

모든 일어나는 일에는 그대에게 유익한 것이 있다 - 만일 그대가 찾아보면.

-에픽테토스

## ⭐ 거꾸로 가는 세상 – 빨리 돌려놓아야 합니다!

Progress, this great heresy of decay.

-Charles Baudelaire

진보, 이 거대한 이단적인 쇠퇴.

-샤를 보들레르

Man is now only more active - not more happy - nor more wise, than he was 6000 years ago.

-Edgar Allan Poe

사람은 지금 더 많이 활동할 뿐이지 – 더 행복하지도 더 현명하지도 않아요. 6000년 전보다 말예요.

-에드거 앨런 포

필자는 얼마 전에 네팔에 갔을 때 어느 불교학교에서 세상에서 가장 행복해 보이는 아이들을 보았습니다. 아침에 일어나자마자 법당에서 큰 소리로 경전을 읽고, 저녁에도 잠자리에 들기 전에 신나게 경전을 읽는 아이들 – 이들은 처음에 여기에 들어올 때는 부모와 떨어지지 않으려고 울지만 며칠만 지나면 집으로 돌아가길 거부한답니다. 도대체 무엇이 이들을 이토록 행복하게 만들까요? 아마 전생에 쌓은 공덕 덕분에 이들은 어린 나이에 너무도 소중한 깨달음의 가르침을 만났기 때문인 것 같습니다.

## 깨달은 분들의 가르침: 세상과 반대로 가라

As seeking the highest position is, itself,
  the way of going to lower realms,
Keep to a low position!
-Padampa Sangye

가장 높은 지위를 찾는 것 자체가
  더 낮은 영역(三惡道삼악도)로 가는 길이니,
낮은 지위에 매달려라!
-빠담빠 쌍계

When you're eminent, it's bad.
When you're reviled, it's good.
When your position is lofty, vanity and envy flourish.
When your position is lowly, you're at ease and your
  practice can flourish.
The lowest seat is the abode of great masters of the past.
-Patrul Rinpoche

저명한 것은 좋지 않네.
욕을 먹는 게 좋은 일이네.
지위가 높으면, 허영심과 부러움이 번창하나,
지위가 낮으면, 당신은 편안하고 수행이 번창할 수 있네.
가장 낮은 자리가 과거의 위대한 스승들의 거처네.
-빠뚤 린뽀체

# 희망의 메시지: 더 나은 세계의 존재
### (당신이 아는 세계가 전부가 아니다!)

Knowing that there is a more perfect world
Allows us to improve this one.

Knowing that there are Buddhas and Bodhisattvas
Allows us to strive for more perfect awareness.

Knowing that there is something to look forward to
Allows the bondage of the past to fall away.


더 완전한 세계가 있다는 걸 알면
우리들은 이 세계를 더 완전하게 만들 수 있네.

완전한 깨달음을 성취하신 분들이 있다는 것을 알면
우리들은 더 완전한 지혜(깨달음)을 위해 노력할 수 있네.

[미래에] 어떤 기대할 것이 있다는 걸 알면 우리들은
과거의 속박에서 벗어날 수 있네.

> 집중명상자료

## 자제(자기-억제)와 지혜 - 주인노릇

Who suffers most deeply

of all the beings in the world?

Those with no self-discipline

who are overpowered by delusion.　　　-The 7th Dalai Lama

누가 세상의 모든 중생들 중에서

가장 깊이 고통을 받을까요?

그것은 미혹(번뇌)에 압도되어

자제를 못하는 사람들이네.　　　-제7대 달라이 라마

*

남들을 모욕하는 분들은 다음 500생 동안
자기가 남들에게 한 것과 같은 모욕을 당한다고
합니다. 그러니까 남들을 모욕하는 것은 결국은
자기 자신을 수백 배 모욕하는 것입니다.

**(지혜)** 남들에게 고통을 주는 사람들은 자기들 자신이 더 많은 고통을 겪는 다는 사실을 알아야 합니다. 이들은 남들에게 행복을 줄 수 있는 소중한 기회를 자기들 자신으로부터 빼앗음으로써 자기들 자신에게도 불이익을 주고, 남들에게는 직접 해를 끼치니, 이것이야 말로 이중적인 손해가 아니고 무엇이겠습니까? 그러니까 모든 가해자는 이중으로 손해를 보는, 진짜 피해자입니다. 이제 우리 모두 시혜자(施惠者)의 길로 갑시다.

> ## 깨달은 분들의 가르침: 마음을 길들이는 이익

What is the supreme goodness
always beneficial to others?
Pacifying and completely subduing
one's own difficult-to-tame mind.

–The 7th Dalai Lama (tame = subdue)

무엇이 언제나 남들에게 이익을 주는
최상의 선(善)일까요?
자기 자신의 길들이기 어려운 마음을
진정시키고 완전히 길들이는 것이네.

–제7대 달라이 라마

어째서 자기 자신의 마음을 길들이는 것이
남들에게 최대의 이익이 될까요?

첫째, 자신의 마음을 완전히 길들인 사람은
남들에게 필요한 물건을 줄 수 있고,
둘째, 그들을 두려움으로부터 보호해줄 수 있으며,
셋째, 깨달음의 가르침을 그들에게 전해주고
그들을 완전한 깨달음의 최상의 행복으로 인도해
줄 수 있기 때문입니다.

**(지혜)** "로종 마음수련" – 이것은 깨달음의 전통에
속하는 아주 중요한 책입니다. 로종(Lojong)은
마음전환 또는 마음훈련을 뜻합니다.

> 집중명상자료

### 외부의 최선으로 통하는 길은 내부의 최선
### 내심(內心) = 외경(外境)

"You may offer the best to others
when you are in touch with the best
within yourself."

"우리가 남들에게 최선을 줄 수 있는 것은
우리가 우리들 자신의 내부에 있는 최선과
닿아있을 때입니다."

우리가 남들에게 줄 수 있는 것은
최종적으로 우리들의 현재의 인간성이므로
그들에게 가장 좋은 것을 줄 수 있으려면
먼저 우리들 자신이 가장 좋은 성품을
개발해야 합니다.

우리들 자신이 어리석다면 그들에게 지혜로운
도움을 줄 수 없을 테고,
우리들 자신에게 사랑이 부족하다면 그들에게
참된 사랑을 보여주지 못할 테니까요.

**(지혜)** 자기 자신의 개발 - 이것이 모든 선행
(善行)과 자기 자신의 행복으로 가는 첫걸음입니다.

> 집중명상자료

## 붓다의 가르침: "네가 너 자신의 보호자다" - 주인노릇

You are your own protector – who else is there to protect you? When you have trained yourself well, you will find the protector who is so hard to find.   —Buddha

네가 너 자신의 보호자다 – 누가 다른 사람이 너를 보호해주겠느냐? 네가 너 자신을 잘 훈련 시키면, 너는 너무도 구하기 힘든 보호자를 구하게 될 것이다.   —붓다

자신을 잘 훈련시키면 우리는 세상에서 가장 행복한 사람, 붓다가 될 수 있습니다. 그런데도 현대인들은 남들에게 자기 인생의 너무 많은 부분을 맡겨버립니다. 그 결과 성불은 커녕 그는 너무도 귀중한 자기 인생의 주인 노릇도 제대로 못 하고 있어 겪지 않아도 될 고통을 겪습니다. 너무 많이 의사들에게 의존하기 때문에 받지 않아도 될 수술을 받습니다. 미국 의사들은 어린 아이들까지도 우울증 환자로 만들어 약물을 복용시키고 있습니다. 신체적인 원인 때문에 겪는 '우울증'은 육체의 질병이지 마음의 질환이 아닙니다. 따라서 이런 경우에 우리가 겪는 우울한 감정('우울감')은 일시적인 감정일 뿐입니다. 이것을 약물로 치료하려고 하는 것은 잘못이고, 게다가 약물의 부작용이 너무 많은 사람들을 자살로 몰고 있습니다.

> ★  보시 = 자기 비움 = 자기 키움 → 자신의 행복증가

Philanthropy is not about helping others,
it's about helping yourself. When you change,
the world changes.                              -Jack Ma

**(표현)** A is about B. A에서 가장 중요한 것은 B입니다.

자선의 가장 중요한 점은 남들을 돕는 것이 아닙니다,
그건 자기 자신을 돕는 것입니다. (왜냐하면) 자기가
바뀌면, 세상이 바뀌기 때문입니다.                -잭 마


불행한 사람의 눈에는 세상이 불행해보이고
행복한 사람의 눈에는 세상이 행복해보일 테고

범부(凡夫)의 눈에는 세상이 평범하게 보이며
성인(聖人)의 눈에는 세상이 성스럽게(완전하게) 보일 테니

자기 자신을 가장 행복하고 완전하게 만드는 것이
인생에서 가장 크게 성공하는 것입니다.

> 집중명상자료

## 과학이 밝혀낸 보시의 효과

연구원들이 발견한 바에 의하면 뇌의 즐거움 센터가
작동한다고 합니다. 사람들이 주려는 생각을 하면.

-레베카 웨버(Rebecca Webber)

### 깨달은 분들이 말하는 보시의 경이로움

보시는 중생들의 소원을 들어주는 여의주,
인색의 매듭을 잘라줄 최상의 무기라네.           -쫑카빠(Tsongkhapa)

### 막강한 마음의 힘: 소망의 공덕

남들에게 유익한 행동을 실제로 하지 않더라도,
남들에게 유익하고 싶다고 소망하는 것만으로도
허공처럼 방대한 공덕을 쌓을 수 있네.

-샨띠데와(Shantideva)

지혜의 눈으로 보면 우리들이 거주하는 세계는
가능성의 세계이고 우리가 경험하는 것은 모두 우리들의
성장과 행복증장의 자원이 될 수 있습니다.

## 깨달은 분들의 가르침: 모든 것을 줄 수 있는 마음의 기쁨 - 주인노릇

'주라'는 말을 듣고 사유(생각)하는 것으로부터 위대한
(부처님)의 자식(聖人성인보살)들이 일으키는 기쁨은
소승 아라한들이 적정(열반)을 통해 경험하는 기쁨과
  비교도 안 된다는데,
그들이 모든 걸 (실제로) 줄 때 느낄 기쁨을 어떻게
  설명할 수 있으랴?　　　　　 -짠드라끼르띠(Chandrakirti)

주는 마음은 받는 분이 행복하길 바라는 마음입니다.
모든 것을 줄 수 있으려면 모든 것, 자신의 목숨에 대한
애착까지도 초월해야 합니다. 남들을 위한 이런 큰마음을
일반인들은 상상조차 할 수 없을 것입니다. 그러나
성인들은 성인이 된 뒤 첫 단계에서도 주는 수행, '보시의
완성(보시바라밀)' 수행을 통해 이런 마음을 기른답니다.

이 세상 부자들이 모두 이런 마음을 기른다면 세상의 행복은
물론 그들 자신의 행복도 훨씬 더 증가할 것입니다.

### ★ 좋은 마음은 동물뿐만 아니라 식물도 갖고 있다!

University of Milan researchers had dogs watch some people sharing food with a beggar and other people telling the beggar to leave. Later, when the individuals beckoned the dogs at the same time, the pups overwhelmingly trotted over to the generous people.

밀라노 대학교 연구원들이 개들에게 어떤 사람들이 음식을 거지와 함께 나누어 먹는 것과 다른 사람들은 그 거지에게 가버리라고 말하는 것을 지켜보게 했습니다. 나중에, 그 사람들이 개들에게 오라고 동시에 손짓을 했을 때, 개들은 압도적으로 그 너그러운 사람들에게로 다가갔다고 합니다.

"Some herbalists say that you can tell the illnesses of the occupants of a house by the medicinal herbs that begin to grow around them, offering themselves."

"일부 약초의사(한의사)들에 의하면 우리는 어떤 집에 사는 분들의 질병을 알 수 있다고 합니다, 그들에게 도움을 주려고 그들 주위에서 자라나기 시작하는 약초들을 보면."

우린 혼자 있어도 결코 혼자가 아닙니다. 온 세상 우주 전체가 우리들의 집이요 가족이기 때문입니다.

## 시절인연(時節因緣): 준비의 신비 - 주인노릇

Anything comes to you -
when you are ready for it.

어떤 것이 그대에게 오는 것은 -
그대가 그것에 대한 준비가 되어있을 때입니다.

Heaven helps those who help themselves.

하늘이 돕는 것은 스스로를 돕는 사람들입니다.

행운은 우연이 아닙니다. 왜냐하면 그것은 준비된
사람에게 찾아오는 필연이니까요.

사람들은 "예이, 재수 없어!"라고 흔히 말하지만
그것은 자기 자신이 만든 것이니까
"자업자득(自業自得)"일 뿐입니다!

## 자기 자신의 불운에 대한 올바른 태도 - 주인노릇

To accuse others for one's own misfortunes is a sign of want of education.

To accuse oneself shows that one's education has begun.

To accuse neither oneself nor others shows that one's education is complete.  −Epictetus

(문맥) is a sign of = shows. of want of education = that one's education is wanting (wanting = incomplete ≠ complete)

자기 자신의 불행에 대한 탓을 남들에게 돌리는 것은 자신의 교육이 부족하다는 것을 보여준다.

자기 자신을 탓하는 것은 자신의 교육이 시작되었다는 것을 보여준다.

자기 자신도 남들도 타하지 않는 것은 자신의 교육이 완전하다는 것을 보여준다.  −에픽테토스

## 시작의 마력

To know what you're going to draw,
you have to begin drawing...

-Pablo Picasso

우리가 무엇을 그릴지 알기 위해서,
우리는 그리기 시작해야 합니다...

-파블로 피카소

생각만 하고 시작은 계속해서 미루는
분들은 새로운 세계를 열거나 새로운 세계를
창조하는 기쁨을 맛보지 못할 것입니다.

I begin with an idea and then it becomes
something else.

-Pablo Picasso

저는 어떤 아이디어를 갖고 시작하는데, 그러면
그것이 어떤 다른 것이 됩니다.

-파블로 피카소

이것이 창작의 매력입니다. 처음에 생각했던
것과는 전혀 다른 것들을 만나게 되는 것 말입니다.
이런 점에서 창작하는 것이 무엇이든 창작과정은
신나는 탐사여행입니다.

## 매우 생산적인 작업 전략 -
## 이것이 많은 사람들의 성공비결입니다!

Get it done first - make it perfect later.
먼저 해놓고 - 나중에 완전하게 만드시오.

Make decisions quickly and definitively.
You can (usually) always change things later.

결정하시오, 빨리 그리고 확고하게. (대개) 언제나 바꾸는 것은 나중에 하면 됩니다.

On the sands of hesitation,
Lay the bones of countless millions,
Who at the dawn of victory
Sat down to wait,
And WAITING - DIED!          -Evangeline Wilkes

망설임의 모래밭에,
수많은 사람들의 뼈가 놓여있었네.
승리를 목전에 두고
앉아서 기다리다,
기다리다 죽은 이들의 뼈가.          -에반젤린 윌크스

## 삶의 지혜 - 주인노릇

Live as if you were to die tomorrow.
Learn as if you were to live forever.
-Mahatma Gandhi

마치 당신이 내일 죽을 것처럼 살고,
마치 당신이 영원히 살 것처럼 배우시오
-마하뜨마 간디

Live as if you were living a second time, and
as though you had acted wrongly the first time.
-Viktor E. Frankl

사시오, 마치 당신이 두 번째 사는 것처럼, 그리고
첫 번째는 잘못 살았던 것처럼. (acted = lived)
-빅터 E. 프랭클

There are two ways to live: you can live as
if nothing is a miracle; you can live as if
everything is a miracle.
-Albert Einstein

두 가지 사는 방법이 있습니다. 아무것도 경이롭지 않은
것처럼 사는 것과 모든 것이 경이로운 것처럼 사는 것.
-앨버트 아인스타인

## 장수비결 - 주인노릇

Julia Hawkins, age 103, is a record-setting runner, according to a recent Q&A conducted by The New York Times.

In the interview, she shared three life tips: Stay in shape, have passions, and take in life's "magic moments."

줄리아 호킨스, 103세, 기록을 세우는 달리는 분인데, 뉴욕 타임스지에 의해 실시된 최근의 질의응답에 의하면.

그 인터뷰에서, 그는 세 가지 삶의 조언을 했습니다: 건강을 유지하고, 열정을 가지며, 인생의 "마력적인 순간들을" 흡수하시오.

People who are more open to new ideas and concepts may have a longer life.

새로운 아이디어와 개념에 더 열려있는 사람들은 더 오래 살 가능성이 있습니다.

(지혜) 가장 높은 지혜는 모든 것에 마음을 열어놓고 아무것에도 얽매이지 않는 것입니다.

### 집중명상자료

## 어느 암 환자의 조언 - 주인노릇

No matter what, Alicia Bertine, 31, is determined to live well. "Cancer may take your hair and your eyelashes, it may take a lot of things, but it doesn't have to take your heart or your hope or your joy," she says.

무슨 일이 있더라도, 앨리셔 버틴(31세)는 잘 살 작정입니다. "암이 당신의 머리털과 당신의 눈썹을 빼앗아갈 수 있고, 많은 것을 빼앗아갈 수 있습니다. 그러나 그것이 당신의 마음이나 당신의 희망이나 당신의 기쁨은 빼앗아가게 하지 말아야 합니다." 그녀가 말합니다.

**(지혜)** 질병은 당신의 전부가 아닙니다. 그것은 생명을 가진 존재가 모두 겪는 하나의 경험일 뿐입니다. 우리가 어떤 경험을 하는 것은 우리들의 과거의 어떤 행위와 관련이 있다고 합니다. 예를 들어, 남들에게 고통을 많이 준 사람들은 많은 질병에 걸릴 가능성이 많다고 합니다. 이것을 알고 잘못을 진심으로 뉘우치고 앞으로는 결코 다시는 나쁜 짓을 하지 않겠다고 다짐한다면 우리는 더 좋은 사람으로 다시 태어나 더 행복하게 살아갈 수 있을 겁니다.

게다가 우리가 겪는 고통은 우리들의 악업을 정화해준다고 합니다. 그러니까 이런 경우에 어려움을 겪는 사람들은 이중으로 복을 받는 셈입니다. 알고 보면 세상에는 고마워해야 할 일들뿐입니다.

> 집중명상자료

## 비중인식(전체와 부분, 중요한 것과 그렇지 않은 것을 분별하는 지혜) - **주인노릇**

You are the sky.
Everything else is just the weather.

당신은 하늘[전체]입니다.
이 밖에 다른 것은 모두 날씨[부분]에 불과합니다.

Don't let one cloud obliterate the whole sky.    -Anais Nin

구름 한 점이 온 하늘을 지워버리게 하지 마십시오.    -아니스 닌

**(지혜)** 구름이 하늘을 해칠 수 없듯이, 우리들의 마음의 하늘에 일시적으로 일어나는 생각이나 감정은 우리들의 본성 자체는 해칠 수 없습니다. 그러나 대부분의 사람들은 너무 얕은 수준에서 살아가기 때문에 온갖 생각과 감정에 시달립니다. 만일 우리가 밝게 깨어있으면서 마음의 평온을 유지하면, 일시적으로 일어나는 생각이나 감정들이 우리들을 해치지 못하게 하거나 좋은 목적을 위해 이용할 수 있습니다. 분노와 같은 감정은 강력한 에너지이므로 분발심 같은 것을 위한 동력자원으로 이용할 수 있습니다. 훈련이 필요하겠지만.

## 비중인식: 중요한 소수와 사소한 다수 - 주인노릇

Pay attention to the vital few and
ignore the trivial many. (문맥) ignore ≠ pay
attention to. trivial ≠ vital. many ≠ few

소수의 중대한 것들에 주의를 기울이고
다수의 사소한 것들은 무시하시오.

**인생에서 진실로 중요한 것은 많지 않습니다.**

예를 들어, 높은 가르침의 입장에서 보면 읽을 가치가 있는 책들은 베스트셀러 리스트에 들어있지 않고 일반서적에 포함되어있지 않습니다. 마치 귀한 보석이 아무도 모르는 은밀한 곳에 감춰져있듯이, 귀한 높은 가르침의 문헌들은 전생에 충분한 수행을 하고 공덕을 쌓아온 행운의 수행자들만이 만날 수 있습니다.

필자가 엮은 책 가운데 "샨티데바의 행복수업," "신비한 환생의 유산, 위대한 지도자," "죽음수업," "보석 같은 지혜," "로종 마음수련" 등이 깨달음의 전통에 속하는 귀한 문헌들입니다.

되풀이 되는 세속적인 실패나 곤경, 온갖 질병은 본래의 당신의 자리, 수행자로 돌아가라는 신호일 수 있습니다.

> **Do what matters to you. Outsource the rest.**
> 중요한 것은 당신이 하고 나머지는 외주를 주라 -
> 주인노릇

It is almost impossible to find anyone who has made millions of dollars who doesn't delegate at least a handful of time-consuming things.

In order to be financially successful you must stay focused and spend both time and money meaningfully.

수백만 달러를 번 사람으로 적어도 소수의 시간을 많이 잡아먹는 일을 남에게 맡기지 않는 사람은 찾아보기 거의 불가능합니다.

금전적으로 성공하려면 (중요한 일에) 집중하고 시간과 돈을 둘 다 의미 있게 써야 합니다.

# 인생의 낭비를 막는 중요한 지혜 - 주인노릇

### 비중인식

What feels like a big deal initially, may not be a big deal in the grand scheme of things. It's important to know what to sweat and what to forget.

처음에는 대단한 것 같이 느껴지는 것이, 큰 관점에서 보면 대단한 것이 아닐 수 있습니다. 중요한 것은 무엇을 중시하고 무엇을 잊어버릴지 아는 것입니다. (sweat ≠ forget)

### 행위 ≠ 행위자

Don't permit children to refer to themselves as losers, failures, stupid, or clumsy. Never let failure progress from an action to an identity. Likewise, don't label your kids. Don't say this one is the artist, and this one is the computer geek. Anyone can be anything.

아이들이 자기들 자신을 패자나, 낙제생, 어리석거나 칠칠 맞다고 부르게 내버려두지 마세요. 실패가 하나의 행동으로부터 발전해서 실패자가 되게 하지 마세요. 마찬가지로, 당신의 아이들에게 꼬리표를 붙이지 마세요. 예는 예술가, 예는 컴퓨터광이라고 말하지 마세요. 누구나 어떤 인물이든 될 수 있습니다.

## 훌륭한 지도자의 지혜: 큰 그림에 집중 - 주인노릇

When an employee makes a mistake - especially a major mistake - it's easy to forever view that employee through the perspective of that mistake.

어떤 사원이 잘못을 저지르면 - 특히 중대한 잘못을 - 쉽게 계속해서 그 사원을 봅니다, 그 잘못이라는 관점을 통해서 말입니다.

Great bosses are able to step back, set aside a mistake, and think about the whole employee.

훌륭한 사장님들은 한 걸음 뒤로 물러나서, 하나의 잘못은 제쳐놓고 그 사원 전체에 대해 생각할 수 있습니다.

Remarkable bosses are also able to forget that mistake, because they know that viewing any employee through the lens of one incident may forever impact how they treat that employee.

훌륭한 사장님들은 또한 그 잘못을 잊을 수 있습니다, 왜냐하면 어떤 사원을 하나의 불상사라는 렌즈를 통해 보면 그들이 그 사원을 다루는 방법에 지속적으로 영향을 미칠 수 있다는 것을 그들은 알기 때문입니다.

To forgive may be divine, but to forget can be even more divine. (can = may)

용서하는 것은 좋은 일일 수 있습니다. 그러나 잊어주는 것을 훨씬 더 좋은 일일 수 있습니다.

### 부분 ≠ 전체

- 실업자가 인생의 패배자는 아닙니다.

- 한 번의 실패가 우리들을 실패자로 만드는 것은 아닙니다.

- 마찬가지로 한 번의 성공이 우리들을 성공한 사람으로 만드는 것은 아닙니다.

- 우리들의 결점이 우리들의 모든 것은 아닙니다.

- 우리들의 질병이 우리들의 전부는 아닙니다.

- 우리들의 외모가 우리들의 가장 중요한 부분이 아닙니다. 우리들의 가장 중요한 것은 우리들의 마음입니다.

- 우리들의 학력이 우리들의 가장 중요한 부분이 아닙니다. 우리들의 가장 중요한 점은 인간됨됨이입니다.

- 과거의 "나"도 현재의 "나"도 나의 전부가 아니고, 미래의 나도 나의 일부입니다.

## 행복자원: 좋은 행동(善業선업) - 주인노릇

When Friday night comes, one of the things we do right after the candle lighting is sing a song. The song is about what were all the good deeds I did this week, and what were all the bad deeds I did this week. If they were weighed, what would be heavier, the good or the bad?

You wish every week that the good is bigger than the bad, and the next week you'll do better.

　　　　　　　　　-Adam Neumann, cofounder and CEO of WeWork

금요일 밤이 오면, 촛불을 켜고 나서 바로 우리들이 하는 것들 중 하나는 노래를 부르는 것입니다. 이 노래는 무엇이 제가 이주에 한 모든 좋은 행동이고 무엇이 제가 이주에 한 모든 나쁜 행동인지에 대한 것입니다. 만일 이것들의 무게를 달아보면, 무엇이 더 무거울까, 좋은 것일까 나쁜 것일까?

우리는 매주 소망합니다. 좋은 행동이 나쁜 행동보다 더 크고 그 다음 주에는 우리가 더 잘 하기를 말입니다.

　　　　　　　　　-아담 노이만, 40세, WeWork 공동 창업자 겸 CEO

**(지혜)** 좋은 에너지는 좋은 에너지를 끌고 나쁜 것은 나쁜 것을 끕니다. 자기 자신을 해치는 것(自害자해)도 세상에 해로운 에너지를 증가시킵니다.

### 🟢 집중명상자료

## 깨달은 분들의 가르침: 행복의 기반은 지혜와 복덕

This life is like a game that we play,

The objects of perception, playthings in a dream.

Those who take them as real

Become lost in confusion,

The wise live in mindfulness of karma

And monitor the white and black pebbles of their actions.

They avoid the black, and collect the white

To build the foundations of their own happiness, freedom and joy.

-The Second Dalai Lama

이 삶은 우리가 하는 놀이처럼,
인식의 대상(눈에 보이는 것)은, 꿈속의 장난감 같은데,
이걸 실재(實在)하는(독립적으로 존재하는) 것으로 받아들이면
혼란에 빠지네. [지혜 기르기]

지혜로운 사람들은 업(業)에 대한 알아차림 속에 살며
자신들의 행위의 흰 돌(선업)과 검은 돌(악업) 점검하네.
그들은 검은 것은 피하고 흰 걸 모아
자신들의 행복, 해탈과 (성불의) 기쁨의 기반 건설하네.
[복덕 쌓기]                    -제2대 달라이 라마(두 살 때 부른 노래)

> 집중명상자료

## 깨달은 분들의 가르침: 금생에서 가장 중요한 것?

Even if you die today, why be sad? It's the way
  of samsara.
Even if you live to be a hundred, why be glad?
  Youth will have long since gone.
Whether you live or die right now, what does
  this life matter?
Just practice Dharma for the next life - that's
  the point.
-Patrul Rinpoche

그대 오늘 죽는다고 어째서 슬프랴? 그게 윤회거늘.
그대 백 살까지 산대도, 어째서 기쁘랴? 젊음은 이미
  오래 전에 갔거늘.
그대 지금 당장 살거나 죽거나, 이생이 무슨 문젠가?
다음 생을 위해 다르마 수행하는 거 - 그게 문제지.

-빠뛸 린뽀체

## 누구도 피할 수 없는 인과의 법칙 - 주인노릇

Whatever it is that appears or resounds
Shows the result of the harm or benefit
  you've done.
Thus, never disregard cause and effect.

-Milarepa


뭐든 나타나는(눈에 보이는) 것과 (귀에) 들리는 것은
그대가 지은 해악(악업)이나 이득(선업)을 보여준다.
그러니, 결코 원인과 결과(인과의 법칙)를 무시하지 마라.

-밀라레빠


만일 자기가 경험하는 것이 모두
과거에 자기가 한 행위의 결과라면
우리가 원망할 수 있는 것은 자기 자신 밖에 없습니다.

다시 말해, 우리 자신이 바로 우리들의 세계의 창조자입니다.

일체유심조(一切唯心造) -
결국, 모든 것은 우리들 자신의 마음이 만드는 것입니다.

우리가 마음을 잘 길들이고 지켜야 할 이유가 바로 여기에
있습니다.

> 집중명상자료

## 열 가지 불선업(不善業)과 과보 - 주인노릇

몸(身신)으로 짓는 세 가지 악업과 과보
- 살생 (← 미움) → 사후에 지옥중생으로 다시 태어남
- 투도 (도둑질 ← 탐애) → 아귀로 다시 태어남
- 사음 (그릇된 성행위 ← 탐애) → 아귀로 다시 태어남

말(口구)로 짓는 네 가지 악업과 과보
- 망어 (거짓말 ← 어리석음) → 축생으로 다시 태어남
- 양설 (이간질하는 말 ← 미움) → 지옥중생
- 악구 (험한 말 ← 미움) → 지옥중생
- 기어 (쓸데없는 잡담 ← 어리석음) → 축생

마음(意의)으로 짓는 세 가지 악업과 과보
- 탐애 (탐욕, 애착) → 아귀로 다시 태어남
- 진에 (성냄, 미움) → 지옥중생
- 치암 (어리석음, 그릇된 견해) → 축생으로 다시 태어남

높은 가르침에 의하면 가장 작은 곤충까지도 해치지 말고, 그들에게 추호의 악의도 갖지 말며, 동물들이 가진 것들조차 훔치지 말라고 합니다. 모두가 우리들의 가족이고, 미래에 성인(聖人)이 될 테니까요.

필자는 꿈에 조금이라도 안 좋아 보이는 행동이나 생각을 하면 깨어나자마자 참회를 하고 정화를 위한 만뜨라를 암송합니다.

> 합일의 지혜 - **내부마음**(內心내심) =
> **외부대상**(外境) - **주인노릇**

A man sees in the world
what he carries in his heart.

-Johann Wolfgang Goethe

어떤 사람이 세상에서 보는 것은
자기 가슴속에 지니고 다니는 것입니다.

-요한 볼프강 괴테

세상을 보는 주체는 우리들의 눈이 아니라
우리의 마음입니다.

Every author in some way portrays himself in
his works, even if it be against his will.

-Johann Wolfgang von Goethe

작가는 누구나 어떤 방법으로 자기 작품에서 자기 자신을
묘사한다, 비록 그것이 자신의 뜻에 어긋나더라도.

-괴테

필자는 어느 전시회에서 참으로 놀라운 것을 보았습니다.
거기에 걸린 모든 인물의 모습은 그 작가의 얼굴의 copy
(복제)였습니다. 우린 모두 자기 자신의 세계에 갇혀있습니다.

◯ 집중명상자료

## 공허감에 대한 바른 처방 – **주인노릇**

**정서적** 공허에 대한 처방: 낮은 자존감, 부정적인 신체 이미지, 실패와 좌절감 등에 대해 - 가슴(heart)을 아름다움과 기쁨, 자애(love)와 연민(compassion)으로 채움

**정신적** 공허에 대한 처방: 마음을 평등심(equanimity)과 자기 각성의 지혜(self-awareness), 성스러움으로 채움

공허감과 밀접한 관련이 있는 것이 소중함(preciousness)과 대조되는 무의미감(the sense of meaninglessness)입니다.

이런 공허감을 해결하지 않으면 그것을 채우기 위해 몸이 암 같은 것을 성장시켜 채우려할 수 있습니다. 몸과 마음은 본래 가장 깊은 수준에서 한 덩어리이기 때문입니다.

성스러움으로 채우는 방법은 성인(聖人)들에게 기도하거나
그분들을 생각 또는 관상(visualization)하며 성스러운 가르침,
특히 궁극적인 진실(空性공성)에 대해 사유하고 실천하려고
노력하며 모든 것을 성스럽게 보는 세계관(sacred outlook)을
기르는 것 등입니다.

\*

모든 게 무의미 하고 사는 게 너무 힘들다고 생각하는 분들에게
권하고 싶은 책이 있습니다. 빅터 이. 프랭클(Viktor E. Frankl)의
"삶의 의미를 찾아서(Man's Search for Meaning)"입니다. 이걸
읽어보면 아마 당신은 더 이상 불평할 것을 찾기 어려울 것입니다.

## 의미, 가치, 목적의식의 중요성 - 주인노릇

I have always believed, and I still believe, that whatever good or bad fortune may come our way we can always give it meaning and transform it into something of value.

-Herman Hesse

나는 언제나 믿어왔고, 아직도 믿습니다.
어떤 행운이나 불운이 우리에게 찾아오든
우리는 언제나 거기에 의미를 부여하고 그것을
어떤 가치 있는 것으로 전환할 수 있다고.

-헤르만 헤세

The crux of employee retention is meaning and fulfillment; people want to feel like their career matters on a personal, company and societal level.

직원들을 직장에 남아있기 하는 핵심은 의미와 충족입니다. 그들이 원하는 것은 자기들이 하는 일이 개인적으로, 회사적으로, 그리고 사회적으로 중요하다고 느끼고 싶은 것입니다.

According to a recent NYT article, when people derive meaning and significance from their work, they are three times as likely to stay at a job, have 1.7 times higher job satisfaction and are 1.4 times more engaged at work. (work = job)

최근의 뉴욕 타임스 기사에 의하면, 사람들이 자기들의 직업으로부터 의미와 중요성을 얻을 때, 그들이 직장에 남아있을 가능성은 3배 더 많아질 수 있고, 직업 만족감은 1.7배 높으며, 1.4배 더 일에 열중할 수 있다고 합니다.

Research has shown that having purpose and meaning in life increases overall well-being and life satisfaction, improves mental and physical health, enhances resiliency, builds self-esteem, and decreases the chances of depression.

연구에 의하면 삶에서 목적과 의미를 갖고 있으면 전반적인 행복과 삶에 대한 만족감이 증가하고, 정신과 신체의 건강이 향상되며, 회복력이 높아지고, 자존감이 구축되며, 우울증의 가능성을 줄인다고 합니다.

**(지혜)** 이 세상에서 당신이 경험하는 모든 것이 당신을 돕기 위한 것임을 알면 당신은 모든 것에 대해 고마운 마음이 일어날 테니 당신은 이제 온갖 괴로움에서 벗어나 진정한 평온과 행복을 누릴 수 있을 것입니다.

● 집중명상자료

## 인식(내심) 바꾸면 세상(외경)이 바뀐다!

There's no way to remove the observer -
us - from our perceptions of the world.　　　-Stephen Hawking

관찰자인 우리들을 제거하고 우리가 세계를 인식할
수는 없습니다.　　　　　　　　　　　　　　　-스티븐 호킹

\*

**인식(認識)이 전부다**

There is no reality, only perception.
존재하는 것은 현실이 아니라, 인식뿐입니다.

외경(外境)은 없고, 내심(內心)만 있다는 말입니다.
그러므로 인식만 바꾸면 자기 자신의 현실, 자기
자신의 세계도 얼마든지 바꿀 수 있습니다.

\*

By changing our thoughts and mental images
we can change our "Reality."

우리의 생각과 마음속의 이미지를 바꿈으로써
우리는 우리의 "현실"(세계)을 바꿀 수 있습니다.

## 당신이 당신의 주인입니다!

You largely constructed your depression. It wasn't given to you. Therefore, you can deconstruct it.
					-Albert Ellis

당신이 주로 당신의 우울증을 건설했습니다. 그건 당신에게 주어진 것이 아닙니다. 그러므로 당신은 그것을 허물어뜨릴 수 있습니다. -앨버트 엘리스


Nobody can hurt me without my permission.
					-Mahatma Gandhi

아무도 내게 상처를 줄 수 없습니다, 내 허락 없이.
					-마하뜨마 간디

누가 상처받을 만한 말을 하더라도, 당신이 그것을 받아들이지 않으면, 당신은 상처를 받지 않을 수 있습니다. 최종적으로, 당신이 당신의 마음의 주인이기 때문입니다.

## 긍정적인 태도 / 부정적인 태도

Everything you are against weakens you.
Everything you are for empowers you.
-Wayne Dyer

모든 당신이 반대하는 것은 당신에게서 힘을 빼앗고,
모든 당신이 지지하는 것은 당신에게 힘을 줍니다.
-웨인 다이어

Search others for their virtue, and yourself for your vices.           -R. Buckminster Fuller

남들에게서는 덕을 찾아보고, 당신 자신에게서는 악을 찾아보시오.                    -R. 벅민스터 풀러

**(지혜)** 이렇게 하면 남들로부터 사랑을 받을 뿐만 아니라 그들의 덕을 본받을 수 있고 자기 자신의 허물은 고칠 수 있으니, 이거야말로 1거3득, 지혜가 주는 선물입니다.

## ★ 합일의 지혜의 힘: 믿음

완전한 믿음은 가피(축복)가 그대에게 들어오게
하네. 마음에 의혹을 여의면, 뭐든 그대가 원하는
걸 성취할 수 있네. —빠드마쌈바와(Padmasambhava)

### 몸과 마음은 하나의 조직체

When we are motivated to learn,
the brain responds plastically.

우리들이 배우려는 의욕이 있을 때,
뇌는 거기에 반응하여 변합니다.

A study from MIT, Harvard, and Yale shows
that people are more flexible and accommodating
when they sit on cushioned surfaces.

MIT, 하버드, 예일대로부터 나온 연구에 의하면, 사람들은
더 융통성이 있고 수용적이라고 합니다. 방석을 깔아놓은
(푹신한) 표면에 앉아있을 때.

### 🔵 집중명상자료

## 합일의 이득: 이타(利他) = 이기(利己)

The very act of concern for others' well-being creates a greater state of well-being within oneself.

남들의 행복에 대한 관심을 갖는 행위 자체가
더 큰 행복한 상태를 자기 자신의 내면에 만듭니다.

My concept of success is having others successful without me. My concept of success before was being successful myself.
　　-Ray Dalio, Billionaire investor, hedge fund manager, philanthropist

저의 성공에 대한 개념은 남들을 성공하게 하는 것입니다,
저 없이 말입니다. 성공에 대한 저의 개념은 전에는 저
자신이 성공하는 것이었습니다.
　　　　　　-레이 달리오, 억만장자 투자가, 헤지 펀드 매니저, 자선가

I've evolved to the stage where to have others successful without me being successful is the most beautiful thing I can do.
　　　　　　　　　　　　　　-Ray Dalio

저는 진화해서 이런 단계에 이르렀습니다. 남들을 성공하게 하고
저는 성공하지 않는, 이것은 제가 할 수 있는 가장 아름다운 것
입니다.
　　　　　　　　　　　　　　-레이 달리오

### ★ 더 높게 더 깊게 더 크게 자기 (마음) 확장 = 행복증가

About 10 years ago, I met my cofounder in life and in business, Rebekah. I met Miguel a little before that. It was always about creating something bigger than ourselves. It was always about doing something meaningful.  —Adam Neumann

약 10년 전에, 저는 인생과 사업에서 저의 공동창업자, 레베카를 만났습니다. 제가 미구엘을 만난 것은 그보다 약간 전입니다. 언제나 가장 중요한 것은 우리들 자신보다 더 큰 것을 만들어내는 것이었습니다. 언제나 중요한 것은 의미 있는 것을 하는 것이었습니다.  —아담 노이만(40세)

I talk a lot about believing in something greater than yourself and a lot about the fact that if we always muscle everything through, we don't give a chance for the universe to enter.  —Adam Neumann

저는 말을 많이 합니다. 자기 자신보다 더 큰 것의 존재를 믿으라는 것과 만일 우리가 힘으로 모든 것을 돌파하면, 우리는 우주가 들어올 기회를 주지 않는다는 사실에 대해서 말입니다.  —아담 노이만

I'm usually the person who thinks very large
in the room. But with Masa (Masayoshi Son),
it doesn't matter how big you're thinking -
he's going to outthink you. He'll go bigger.
I learned a lot from that. I still learn every time
I interact with him. -Adam Neumann

전 대개 [사람들이 모이는] 방에서 매우 크게 생각하는
사람입니다. 그러나 마사(손정의)에게는 당신이 얼마나
크게 생각하는지가 문제가 되지 않습니다 - 그는 당신
보다 더 크게 생각할 테니까요. 그는 더 크게 갈 겁니다.
저는 거기서 많은 것을 배웠습니다. 저는 아직도 배웁니다,
그와 교류할 때마다 말예요. -아담 노이만 (outthink =
think bigger than)

끼리끼리 만나는 법이니(類類相從유유상종), 큰 사람을
만나려면 자기 자신도 큰 사람이 되어야 합니다.

## 자기 능력과 영역 확장 - 주인노릇

I am always doing that which I cannot do,
in order that I may learn how to do it.

-Pablo Picasso

저는 언제나 합니다, 제가 하지 못하는 것을,
그래야 그것을 하는 방법을 배울 수 있을 테니까요.

-파블로 피카소

Others have seen what is and asked why. I have seen what could be and asked why not.

-Pablo Picasso

남들은 존재하는 것을 보고 물었습니다, 왜냐고. 저는 존재할 수 있는 것을 보고 물었습니다, 왜 아니냐고.

-파블로 피카소

Sure, stepping into a zone of discomfort can feel unnerving. Yet, when we venture out, we discover that our comfort zone expands. And then our influence does as well. (does = expands)

물론, 불안의 영역에 들어가는 것은 겁을 먹게 만들 수 있습니다. 허나, 용감하게 (안락 영역 밖으로) 나가보면, 우리는 보게 됩니다, 우리들의 안락 영역이 확장되는 것을. 그리고 그러면 우리들의 영향도 확장됩니다.

## 지혜의 공간은 마음의 여유 공간

When you give up control, you make room for everyone on the team to be innovative and authentically engaged.

당신이 통제를 포기하면, 당신은 팀원 누구에게나 여지를 만들어주어 혁신적이 되고 성실하게 일에 임하게 만드는 것입니다.

**지혜의 공간 만들기: 신뢰**

Great teams thrive on trust - and great managers help build that trust.

훌륭한 팀이 번창하는 것은 신뢰 때문입니다 - 그래서 훌륭한 매니저들은 도움을 주어 그 신뢰를 구축합니다.

## 지혜의 공간 만드는 법: 잠시 제쳐놓기

It is no good getting furious if you get stuck. What I do is keep thinking about the problem but work on something else. Sometimes it is years before I see the way forward. In the case of information loss and black holes, it was 29 years.

－Stephen Hawking

분노해봤자 소용이 없습니다. 앞으로 나아가지 못할 때. 저는 이렇게 합니다. 주어진 문제에 대해 계속해서 생각하면서 작업은 다른 것에 대해 합니다. 때로는 수년이 지나야 나아갈 길이 보입니다. 정보손실과 블랙홀의 경우에는 29년이었습니다.

－스티븐 호킹

### 지혜의 힘: 알아차리기에 기초한 우울증 인지 요법

A British study found that mindfulness-based cognitive therapy, which helps increase awareness of negative spirals, was as effective as meds in preventing a recurrence of depression over a two-year period.

한 영국의 연구에 의하면 알아차리기에 기초한 인지 요법은, 부정적인 감정의 소용돌이에 대한 알아차림을 증가시켜 주는데, 약과 마찬가지로 효력을 발휘해서 우울증의 재발을 막아주었다고 합니다. 2년 동안에 걸쳐서.

## ★ 중립적(객관적)인 입장에서 바라보기

In one study from Stanford, married couples who wrote about conflicts in their relationship as though they were neutral observers showed "greater improvement in marital happiness" than couples who didn't reflect in writing.

스탠포드로부터 나온 한 연구에 의하면, 결혼한 부부가 자기들의 관계상의 갈등에 관해서 글을 쓰면, 마치 자기들이 중립적인 관찰자인 것처럼, 결혼의 행복이 더 크게 향상된다는 것이 밝혀졌습니다. 거기에 대해서 사유하면서 글을 쓰지 않는 부부들보다.

### 자기 자신으로부터 떨어져서 바라보기

According to research, using either your first name or the pronoun "you" instead of "I" can make it easier to deal with stressful experiences.

한 연구에 의하면, 당신의 이름이나, 대명사 "나" 대신에 "너"를 사용하면 더 쉽게 스트레스를 주는 경험을 다룰 수 있다고 한다.

## ★ 성공의 중요한 요소: 지혜의 공간 이용하기

It's amazing how intelligent it is just to spend some time sitting. A lot of people are way too active.
-Charlie Munger (way too active = far too active)

경이로운 것은 얼마나 지혜로운 일이냐는 것입니다. 단지 시간을 좀 보내면서 앉아있는 것이. 많은 사람들은 너무 활동을 많이 합니다.
-찰리 멍거

Only from silence, contemplation, reading, looking, observing, can you drill for the inner resources that result in springs of creativity. Success is better categorized by resilience than energy. And resilience doesn't require constant motion. Very often it requires hibernation, an ability to back off and say, "I can't handle this, so I'm going to think for awhile."

침묵과 사유, 독서와 보기, 관찰로부터 만이, 우리는 내면의 자원을 발굴할 수 있습니다. 이것이 창의성의 용솟음을 가져옵니다. 성공의 특징은 에너지라기보다 회복력입니다. 회복력은 끊임없는 움직임을 요구하지 않습니다. 아주 흔히 그것이 요구하는 것은 동면, 뒤로 물러나서 이렇게 말할 수 있는 능력입니다. "나는 이것을 다룰 수 없어, 그래서 난 잠시 생각해 볼 거야."

# 지혜의 눈: 큰 그림

Cultivate the habit of surveying and testing a prospective action before you undertake it. Before you proceed, step back and look at the big picture, lest you act rashly on raw impulse. Determine what happens first, consider what that leads to, and then act in accordance with what you've learned.　　-Epictetus

습관을 길러서 앞으로 할 행동을 조사하고 시험해본 뒤에 행동하시오. 앞으로 나아가기 전에, 한 걸음 뒤로 물러나서 큰 그림을 보시오, 성급하게 단순히 충동적으로 행동하지 않도록. 먼저 어떤 일이 일어나는지 확인하고, 그것이 무엇으로 인도하는지 고려해보며, 그 다음에 행동하되 당신이 알아낸 것과 맞게 하시오.　　-에픽테토스

Try not to merely react in the moment. Pull back from the situation. Take a wider view; compose yourself.

노력해서 단순히 순간에 반발하지 않도록 하시오. 사태로부터 한 걸음 뒤로 물러나시오. 더 넓게 보고, 당신 자신을 진정시키시오.

## 양면의 지혜

Great managers encourage their people by sharing sincere and specific praise. But they aren't afraid to share critical feedback, too - making sure to frame it in a way that is both tactful and constructive.

훌륭한 매니저들은 직원들을 격려해주는 방법으로 진지하고 특정한 칭찬을 공유합니다. 그러나 그들은 두려워하지 않고 비판적인 말도 공유하는데 - 잊지 않고 그 말을 전략적이고도 건설적인 방법으로 포장해서 합니다.

Really pay attention to negative feedback and solicit it, particularly from friends. ⋯ Hardly anyone does that, and it's incredibly helpful. -Elon Musk

부정적인 말에 정말로 주의를 기울이고 그것을 간청하세요, 특히 친구들로부터. (중략) 이런 것을 하는 사람은 거의 없으나, 이것은 믿을 수 없을 정도로 도움이 됩니다. -일런 머스크

If you can learn not to take it personally, you will be able to listen to the constructive criticism and find it inspiring.

만일 기분 나쁘게 받아들이지 않을 수 있으면, 건설적인 비판에 귀를 기울이고 영감을 얻을 수 있습니다.

> ## 양면의 지혜: 긍정 – 이중적인 이익의 길
> 부정 – 이중적인 손해의 길

By focusing on grievances, we risk missing out on precious, startling moments of appreciation.

불만에 집중하면, 우리는 놓쳐버릴 위험이 있습니다. 소중하고 놀라운 고마워할 순간들을.

**(지혜)** 남들에게 이익을 주는 행위를 하는 사람은 자기 자신이 더 큰 이익을 얻는 이중적인 이익을 얻습니다. 반면에 남들에게 손해를 끼치는 사람은 자기 자신이 더 큰 손해를 입는 이중적인 손해를 봅니다. 전자(前者)는 지혜와 사랑, 행복의 길이고, 후자는 무지와 미움, 고통의 길입니다. 교육을 통해 어릴 때부터 누구나 이것을 익힌다면 세상은 낙원이 될 것입니다.

> **부정적인 생각의 이중적인 손해:**
>
> 1. 부정적인 생각은 세상의 고통을 증가시키므로 결국은 자기 자신의 고통도 증가시킵니다.
> 2. 긍정적인 생각을 통해 세상의 행복을 증가시킬 기회를 부정적인 생각은 빼앗습니다.

## 양면의 지혜: 자연의 경이로움 - 놀라운 다양성과 독특성

To such an extent does nature delight and abound in variety that among her <u>trees</u> <u>there is not one plant to be found</u> which is <u>exactly</u> <u>like</u> another; and not only among the plants, but among the boughs, the leaves and the fruits, <u>you will not find one</u> which is <u>exactly</u> <u>similar to</u> another.

－Leonardo da Vinci

**(문맥)** there is not one plant to be found = you will not find one. plants = trees. similar to = like

그런 정도로 자연은 기뻐하며 다양해서 자연의 나무 중에는 정확하게 같은 (다른 것과) 것은 한 그루도 찾아볼 수 없습니다. 나무들 중에서 뿐만 아니라, 가지와 잎, 열매 중에서도 다른 것과 정확하게 같은 것을 찾을 수 없습니다.

－레오나르도 다 빈치

The invariable mark of wisdom is to see <u>the miraculous</u> in <u>the common</u>. －Ralph Waldo Emerson

지혜의 변함없는 징표는 평범한 것 안에서 경이로운 것 (평범하지 않은 것)을 보는 것입니다. －랠프 월도 에머슨

# 양면의 지혜

We must develop and maintain the capacity to forgive. He who is devoid of the power to forgive is devoid of the power to love.

There is some good in the worst of us and some evil in the best of us. When we discover this, we are less prone to hate our enemies.　　　　－Martin Luther King, Jr.

우리는 용서할 능력을 개발해서 유지해야 합니다. 용서할 능력이 없는 사람은 사랑할 능력이 없습니다.

우리들 중에서 가장 나쁜 사람에게도 어떤 좋은 점이 있고 우리들 중에서 가장 좋은 사람에게도 어떤 나쁜 점이 있습니다. 우리가 이것을 이해하면, 우리는 우리들의 적을 덜 미워할 것입니다.　　　　－마틴 루터 킹, 2세


Intelligent people let themselves become fascinated by things others take for granted.

지혜로운 사람들은 자기들 자신을 매혹되게 합니다, 남들이 평범하게 여기는 것들에 의해.

## ★ 사정이 나쁠 때 위안과 희망을 얻는 법

When things are bad,
we take comfort in the thought
that they could always be worse.
And when they are,
we find hope in the thought
that things are so bad they have to get better.

(문맥) take = find. worse ↔ better

사정이 나쁠 때,
우리는 위안을 얻습니다,
사정은 언제나 더 나빠질 수 있다고 생각하며.
그리고 사정이 실제로 더 나쁠 때,
우리는 희망을 얻습니다,
사정이 너무도 나쁘니까 틀림없이 더 좋아지리라
생각하며.

> Try to be a rainbow in someone's cloud.
> —Maya Angelou
>
> 누군가의 구름 속에 무지개가 되어보세요.
> —마야 앤절로

**진실**(현실, 사실) / **개념**(견해)

Everything we hear is an opinion, not a fact.
Everything we see is a perspective,
not the truth. -Marcus Aurelius Antonius

**(문맥)** fact = truth

우리가 듣는 것은 모두 하나의 의견이지,
사실이 아닙니다. 우리가 보는 것은 하나의
관점이지 진실이 아닙니다.　　　-마커스 아우렐리우스 안토니우스


No concept is carrier of life.

-Carl Jung

어떤 개념도
인생(현실)을 옮기지(표현하지) 못합니다.

-칼 융

## 지혜의 눈: 진실/거짓

Who is the biggest loser
of all beings in the world?
He who lives falsely
and in contradiction to karmic law.

-the Seventh Dalai Lama

누가 가장 큰 손해를 볼까요?
세상의 모든 중생들 중에서.
그는 사는 사람입니다, 그릇되게 그리고
인과의 법칙에 어긋나게,

-제7대 달라이 라마

By a lie, a man... annihilates his dignity as a man.

-Immanuel Kant

거짓말에 의해, 사람은 ... 사람으로서 자신의 존엄성을
말살합니다.

-임마누엘 칸트

## 진실의 유력함과 거짓의 무력함

A new study from the Harvard Business School suggests that self-promotional attempt while pretending an air of modesty doesn't work.

하버드 경영 대학으로부터 나온 한 연구에 의하면 자기를 띄우려하면서 겸손한 척 하는 것은 효과가 없다고 합니다.

**(지혜)** 진실은 힘이 있으나 거짓에는 힘이 없습니다. 왜냐하면 진실은 존재의 기반인데 거짓에는 그런 기반이 없기 때문입니다.

그러나 거짓도 그것을 사실로 알고 믿는 사람들이 많으면 힘을 갖게 됩니다. 허나 이것은 진실에 기초한 것이 아니므로 거짓으로 판명되어 많은 사람들이 믿지 않게 되면 힘을 잃게 될 것입니다.

거짓 속에서 오래 머무는 사람들은 진실로부터 분리되어 살기 때문에 정신적으로 온전함을 유지하기 어려울 겁니다.

> 집중명상자료

## 세상은 수행도량, 우린 모두 위대한 수행자
### 고통은 축복

첫째, 우리가 겪는 모든 고통은 우리들 자신을 되돌아보게 하며 겸손하게 만듭니다.
둘째, 우리들의 고통은 같은 고통을 겪는 남들을 이해하게 하고 그들이 거기에서 벗어나길 바라는 마음을 키워줍니다.
셋째, 고통이 무지나 자기가 저지른 악업의 결과라는 것을 깨달으면 선업의 길로 나아가게 되며, 고통은 악업을 정화해 줍니다.
넷째, 고통을 고마운 마음으로 대하면 그것은 이제 고통이 아니라 축복으로 느껴집니다.

우리들의 모든 경험은 우리들을 더 큰 행복으로 인도해주는 행복 도우미요, 수행 도우미입니다.

세상은 어디나 수행도량, 우린 모두 더 큰 지혜와 사랑을 닦으며 우리들의 행복을 완성하기 위해 완전한 깨달음을 향해 나아가는 위대한 수행자입니다. 이제 하찮은 일에 대한 짜증이나 집착에서 벗어나 대인의 길, 세상의 고통은 줄이고, 행복은 증장시키는 길로 나아갑시다.

## 이 책의 명상여행 끝에서 드리는 한 말씀

이 책을 읽기 전보다
마음이 조금 더 편안하고 행복해졌다면
당신은 조금은 성공한 것입니다.

만일 크게 더 행복해졌다면
당신은 크게 성공했습니다.

만일 믿을 수 없을 정도로 더 행복해졌다면
당신은 탁월하게 성공한 것입니다.

만일 모든 것이 새롭게 보이고 모든 것이 소중한
깨달음과 행복자원으로 느껴진다면
당신은 찬란한 깨달음의 전통에 들어선
훌륭한 수행자가 된 것입니다.

완전한 깨달음의 무한한 자유와 안락에 이를 때까지
이 즐거운 여행은 계속될 것입니다.

더욱더 큰 기쁨이 당신을 기다리고 있습니다.

축하합니다.